# 친절한
# 정치 신문

# 친절한 정치 신문

글 서울미래교육연구회  그림 희소

### 작가의 말

## 이 책을 읽는 친구들에게

안녕하세요, 여러분!

《친절한 정치 신문》은 초등학생 여러분이 정치라는 주제를 쉽고 재미있게 배울 수 있도록 만든 책이에요. 여러분이 이 책을 펼쳤다는 것은, 세상과 사회에 대해 더 깊은 이해를 하려는 멋진 첫걸음을 내디딘 거예요. 사실 정치라는 단어는 조금 어렵고, 멀게 느껴질 수 있어요. 하지만 정치가 무엇인지, 왜 중요한지에 대해 알게 되면, 여러분의 일상과 깊게 연결되어 있음을 금방 깨닫게 될 거예요.

정치는 멀리 있는 것이 아니라, 우리가 살아가는 모든 순간과 밀접하게 연결되어 있어요. 예를 들어, 친구들과 의견을 나누거나, 가족과 함께 투표 이야기를 나누는 순간, 심지어 학교에서 먹는 급식의 메뉴나 놀이터의 규칙까지도 정치와 관련이 있어요. 여러분이 학교에서 급식을 고를 때, 그 선택이 어떻게 이루어지는지, 또 왜 그런 규칙이 필요한지를 생각해 보면 그 모든 것이 정치의 한 부분임을 알 수 있답니다. 우리가 살아가는 사회에서 이루어지는 모든 결정은 결국 사람들이 함께 모여서 의견을 나누고 선택하는 과정이 필요하고, 바로 그 과정이 정치거든요.

정치는 더 나은 사회를 만들기 위한 대화와 협력의 과정이에요. 세상에는 수많은 사람과 다양한 생각과 가치가 있기 때문에, 때로는 갈등이 생기기도 해요. 하지만 정치가 중요한 이유는 바로 이런 갈등을 해결하고, 사회 문제를 해결하려고 하는 노력이기 때문이에요. 사람들은 더 나은 세상을 만들기 위해 서로의 생각을 존중하고, 함께 해결책을 찾기 위해 노력합니다. 이때 중요한 것은 '소통'과 '협력'이에요. 소통과 협력이 어떻게 우리 사회를 움직이는 힘이 되는지 배울 수 있을 거예요.

《친절한 정치 신문》은 우리가 일상에서 쉽게 접할 수 있는 이야기들을 통해 정치의 기본 원리를 쉽게 설명하고 있어요. 또한 세계 여러 나라의 흥미로운 사례나 역사 속 이야기들도 담겨 있어, 자연스럽게 정치와 국제 사회에 대한 관심을 키울 수 있을 거예요. 이 책을 읽으면서 우리 사회에서 일어나는 다양한 일들에 대해 더 잘 이해하고, 어떻게 하면 더 나은 세상을 만들 수 있을지 고민할 수 있는 기회를 갖게 될 거예요.

정치에 대해 배우는 것은 단순히 법이나 제도를 아는 것만이 아니에요. 정치란 결국 우리 자신의 권리와 의무를 알고, 더 나은 사회를 만들기 위해 스스로 생각하고 행동하는 과정이에요. 이 과정에서 중요한 것은 자신의 의견을 표현하고, 다른 사람들과 협력하며, 공정하고 정의로운 사회를 만드는 거지요. 여러분이 정치에 관심을 갖고 참여하는 것이 바로 세상을 더 나은 방향으로 이끄는 첫걸음이 되는 거예요. 우리의 작은 관심과 참여가 모여 큰 변화를 만들 수 있다는 것을 여러분도 느껴 보세요.

자, 여러분은 《친절한 정치 신문》과 함께 즐겁고 유익한 정치 여행을 시작할 준비가 되셨나요? 정치에 대한 이해를 넓히고, 여러분의 생각을 더욱 깊이 있게 발전시킬 수 있는 기회를 가져 보세요. 이제 책을 펼치고, 정치의 세계로 떠나 볼까요?

**서울미래교육연구회 선생님 일동**

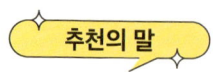

## "정치는 나와 무관한 이야기가 아니라는 걸 처음으로 알게 될 거예요."

우리는 늘 누군가 정해준 규칙 안에서 살아갑니다. 그런데 가끔은 궁금하지요. '왜 이렇게 정해진 걸까?' 《친절한 정치 신문》은 그런 의문을 가진 초등학생들에게, 세상을 움직이는 힘이 어디서 오는지 친근하고 쉽게 알려 줍니다. 디지털 교과서 논쟁, 노키즈 존 문제처럼 일상 속 사례를 통해, 정치가 멀고 어려운 것이 아니라는 사실을 자연스럽게 깨닫게 해 줄 거예요.

이 책을 읽고 나면 세상의 변화를 남의 일처럼 바라보는 대신, 자신의 작은 생각과 행동이 더 나은 세상을 만드는 씨앗이 될 수 있음을 알 수 있답니다. 그래서 저는 세상에 대한 궁금증이 움트기 시작한 초등학생 친구들에게 이 책을 건네고 싶습니다.

책을 읽고 난 아이는 세상의 규칙이 그냥 주어진 것이 아니라 사람들이 소통하고 협력한 결과임을 이해하게 될 것입니다. 갈등을 두려워하지 않고, 함께 해결책을 찾아가는 힘을 키우게 될 것입니다.

모든 것이 빠르게 변하는 오늘, 스스로 사고하고 함께 살아가는 힘을 키우는 일은 그 무엇보다 소중합니다. 이 책이 그 첫걸음이 되어 줄 거라 믿습니다. 정치란 특별한 사람들만의 것이 아니라는 사실을 아이들에게 알려 주고 싶은 모든 부모님과 선생님들께 추천합니다.

'슬기로운초등생활' 부모 교육 전문가 **이은경 선생님**

정치는 멀고 어려운 것이 아니라, 바로 우리의 일상과 맞닿아 있는 이야기입니다. 《친절한 정치 신문》은 그 이야기를 아이들의 눈높이에 맞춰 자세하고 친절하게 풀어냅니다. 질문하고, 생각하고, 대답하는 과정을 통해 어린이들이 세상을 바라보는 눈을 넓히고, 더 나은 시민으로 성장해 나가길 기대합니다.

'행복한 김선생' 초등 교육 전문가 **김성규 선생님**

교실에서 '정치'라는 말을 꺼내면, 아이들은 종종 '서로 이기기 위한 싸움'이라고 여기며 이야기를 시작하곤 합니다. 그러나 본질은 '사람들이 어떻게 의견을 나누고, 그 의견이 사회에 어떻게 반영되는가?'라는 소통에 있습니다. 그런 의미에서 《친절한 정치 신문》은 참 반가운 책입니다. 이 책은 아이들이 흥미를 가질 만한 현실의 화두를 적절한 길이의 텍스트로 제시합니다. 대화 속 오해를 줄이고, 논제 협의를 위한 내용 체크가 있어 건강하게 소통하기 위한 마중물이 됩니다. 우리 아이들이 이 책을 통해 우리나라를 위한 대화의 장에 초대되길 바랍니다.

구미 원당초등학교 **이은주 선생님**

《친절한 정치 신문》은 어린이들이 최신 정치 기사를 읽고, 핵심 어휘를 배우며, 그것이 자신의 생활과 어떤 관련이 있는지 생각하는 기회를 주는 책입니다. 특히 정치와 관련된 어휘는 어린이들에게 낯설고 어렵게 느껴질 수 있는데, 이 책을 읽고 나면 어느새 어휘력이 풍부해진 것을 느낄 수 있을 거예요. 정치는 멀리 있는 것이 아니라, 우리가 살아가는 모든 순간과 밀접하게 연결되어 있어요. 어린이와 정치를 연결해 주는 징검다리 같은 이 책을 학급 책장에 꼭 두고 싶네요.

서울 중원초등학교 **신현주 선생님**

# 이 책의 활용 방법

## 1 최신 정치 기사
초등학생 관심사에 맞춰 최신 정치 트렌드를 반영한 50가지 기사를 담았어요.

## 2 검색 필수 해시태그
기사의 핵심 내용을 해시태그로 먼저 짐작해 보고 검색도 해 봐요.

## 3 정치 핵심 어휘
초등학생이 꼭 알아야 할 교과서 속 필수 정치 개념을 정치 핵심 어휘로 강조했어요.

## 4 어휘 풀이
기사를 읽으면서 어려웠던 단어는 어휘 풀이를 확인하며 쉽게 이해해요.

## 5
### 전문적인 기사 내용
어린이 미래 교육을 위해 연구하는 초등학교 선생님들이 직접 기사를 썼어요.

## 6
### 문해력 쑥쑥 내용 체크
어휘, 내용 이해, 글쓰기까지 단계별 문제를 풀며 지식도 다지고 문해력도 키워요.

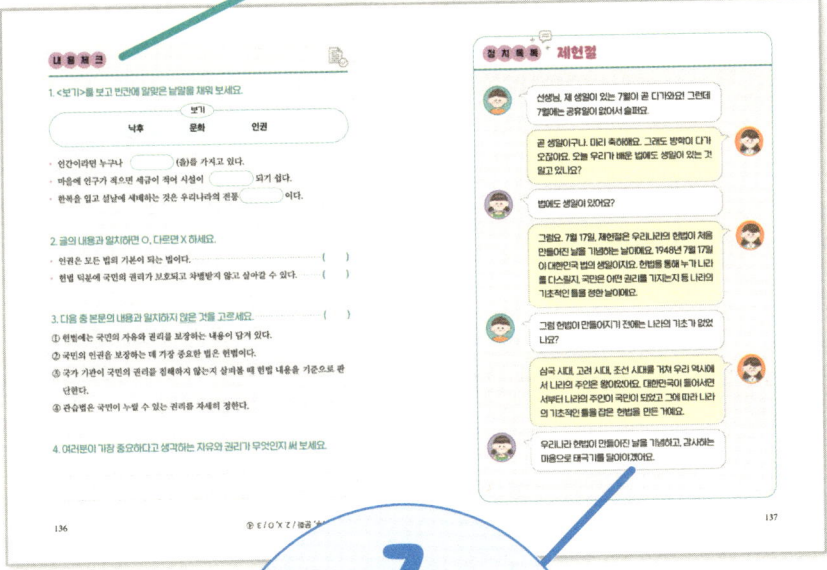

## 7
### 배경지식 플러스 정치 톡톡
선생님과 학생들의 대화를 보며 기사와 관련된 정치 지식을 넓힐 수 있어요.

# 차례

# 1장 · 정치와 민주주의

'좋아요'를 누르는 것도 정치 참여? ······ 16
**정치 톡톡** | 정치의 의미
부자 나라의 숨겨진 비밀 ······ 20
**정치 톡톡** | 부정부패를 막는 방법
북한 식당에 등장한 코카콜라, 변화의 신호일까? ······ 24
**정치 톡톡** | 사회주의
훙볘도 장군 흉상, 어디로 가야 하나? ······ 28
**정치 톡톡** | 독재 정권
트럼프는 왜 그린란드를 탐내나? ······ 32
**정치 톡톡** | 국가로 인정받지 못하는 나라
《소년이 온다》, 한강 노벨상에 '가슴 뜨거워' ······ 36
**정치 톡톡** | 민주화운동
아이유×변우석, 입헌군주제 로맨스 탄생 ······ 40
**정치 톡톡** | 절대군주제
노키즈 존, 자유와 평등의 팽팽한 줄다리기 ······ 44
**정치 톡톡** | 자유의 여신상
트럼프가 차지한 '매직넘버 270' ······ 48
**정치 톡톡** | 매니페스토
과일부터 연필까지, 나라별 특별한 투표 이야기 ······ 52
**정치 톡톡** | 선거의 4대 원칙
나라의 운명은 내 손에, 국민주권 ······ 56
**정치 톡톡** | 국민의 권리
"대신 군대 가면, 월급 반 줄래?" 황당 대리 입영 ······ 60
**정치 톡톡** | 국방의 의무
살리자, 중증외상전문의 수련센터! ······ 64
**정치 톡톡** | 디지털 정부
국민참여재판이 이끌어 낸 결과는? ······ 68
**정치 톡톡** | 증거 재판주의
일본 여행하려면 '돈 내세요' 관광세 5배 폭탄 ······ 72
**정치 톡톡** | 역사 속 독특한 세금들

## 2장 • 나라 살림을 꾸리는 대통령과 정부

억 소리 나는 결혼식 비용, 이제 그만! … 78
정치 톡톡 | 나라의 관리를 뽑는 방법
설 연휴가 6일로 늘어나는 마법 … 82
정치 톡톡 | 공청회
비행기 옆자리에 대통령이? … 86
정치 톡톡 | 레임덕, 데드덕, 마이티덕
대통령 권한대행이 또 바뀌었어요! … 90
정치 톡톡 | 우리나라 최초의 대통령 권한대행
파출소로 배달된 초등학생의 따뜻한 마음 … 94
정치 톡톡 | 고위 공직자 범죄 수사처
유튜브 시대, 충주맨이 쏘아 올린 공 … 98
정치 톡톡 | 주민 참여 제도

## 3장 • 국민을 대표하는 의회

디지털 교과서 도입, 찬성 vs 반대 … 104
정치 톡톡 | 국회의사당
국회의원들의 찬란하게 빛나는 금배지 … 108
정치 톡톡 | 국회의원 이모저모
땅땅땅! 법안이 통과되었습니다! … 112
정치 톡톡 | 캐스팅보트
우리 편 이겨라! 정당은 왜 서로 싸울까? … 116
정치 톡톡 | 조선 시대의 정당
국회에 아이돌이 등장했어요! … 120
정치 톡톡 | 청문회
대통령도 쫓겨나는 세상 … 124
정치 톡톡 | 탄핵과 하야
무려 15시간 50분, 밤새워 토론? … 128
정치 톡톡 | 좌파와 우파

## 4장 • 옳고 그름을 판단하는 법원

대한민국의 수도가 바뀔 수 있다? ······ 134
**정치 톡톡** | 제헌절
잘못은 했는데, 처벌은 받지 않는다? ······ 138
**정치 톡톡** | 법원에서 일하는 사람들
세종대왕 曰 "억울한 사람이 없도록 하라!" ······ 142
**정치 톡톡** | 정의의 여신상
어린이를 지키는 법, 민식이법이 생긴 이유 ······ 146
**정치 톡톡** | 법의 종류
뜨거운 커피 때문에 벌어진 법정 싸움 ······ 150
**정치 톡톡** | 재미있는 소송 이야기
딥페이크 범죄와의 전쟁 ······ 154
**정치 톡톡** | 범죄를 줄이는 방법
법의 마지막 심판자, 헌법재판소 ······ 158
**정치 톡톡** | 헌법재판소의 역사

## 5장 • 생활 속의 정치·외교

갈릴레오의 재판, 다수결의 진짜 의미 ······ 164
**정치 톡톡** | 중우정치
콘서트 입장권이 500만 원? ······ 168
**정치 톡톡** | 다양한 청원 방법
황당 규제 공모전에서 1위를 차지한 것은? ······ 172
**정치 톡톡** | 언론
지역화폐법, 여당과 야당의 줄다리기 ······ 176
**정치 톡톡** | 군중심리
촛불에서 아이돌 응원봉으로 ······ 180
**정치 톡톡** | 표현의 자유
지역이기주의냐 희생이냐, 그것이 문제로다 ······ 184
**정치 톡톡** | 핌피 현상

설악산 케이블카 설치, 반대한다고요? ··· 188
**정치 톡톡** | 이익단체
한국, 쿠바에 첫 대사관 개관 ··· 192
**정치 톡톡** | 외교관이 하는 일
미국의 WHO 탈퇴, 국제 사회에 미치는 영향은? ··· 196
**정치 톡톡** | 비정부기구
슈퍼 댐을 둘러싼 물 전쟁 ··· 200
**정치 톡톡** | 여러 가지 지구촌 갈등
여성은 정치에 참여할 수 없었다고요? ··· 204
**정치 톡톡** | 여성 정치인
사라지는 도시? 저출생의 함정 ··· 208
**정치 톡톡** | 노인 연령 기준 상향
백화점은 돈을 벌고, 공공기관은 마음을 벌어요 ··· 212
**정치 톡톡** | 과거와 현재를 잇는 공공기관 이름
팬이에요! 연예인보다 인기 있는 정치인 ··· 216
**정치 톡톡** | 정치 무관심
정치를 병들게 하는 가짜 뉴스 ··· 220
**정치 톡톡** | 사이버 윤리

# 1장
# 정치와 민주주의

# '좋아요'를 누르는 것도 정치 참여?

'좋아요' 하나가 세상을 바꿀 수 있을까요? 최근 SNS에서 '좋아요'를 누르거나 게시물을 공유하는 등의 활동이 새로운 정치 참여 방식으로 주목받고 있어요.

과거에는 사람들이 직접 모여서 시위하거나 정치인들에게 편지를 쓰는 등의 행동으로 정치에 참여했어요. 요즘은 인터넷과 SNS의 발달로 '좋아요'를 누르는 것만으로도 자신의 정치적 의사를 표현할 수 있어 정치 참여 방식을 보다 쉽고 편리하게 변화시켰어요. 더 많은 사람들이 정치에 참여할 수 있도록 기회의 문을 넓혔어요.

하지만 '좋아요'를 누르는 활동을 통한 정치 참여는 주의해야 할 점도 있어요. 쉽게 '좋아요'를 누르기 전에 다른 사람들의 의견에 휩쓸

#정치 참여 방식 #좋아요 누르기

리지 않고, **비판적인 시각**으로 정보를 분석하고, 스스로 판단해야 한다는 점이에요. 또한, '좋아요'를 누르거나 게시물을 공유하는 행동이 다른 사람들에게 영향을 미칠 수 있다는 것을 기억해야 해요.

SNS에서의 '좋아요'는 정치 참여의 문턱은 낮추었지만, 비판적인 사고 없이는 진정한 사회 변화를 이뤄 내기 어려워요. 다양한 **관점**을 접하고 자기 생각을 논리적으로 표현하고 토론하는 노력을 더해야 하죠. 그런 노력이 함께한다면 '좋아요' 하나가 세상을 바꾸는 진정한 힘을 발휘할 수 있어요.

### 어휘 풀이

* **정치 참여 방식** 국민이 자신의 의견을 표현하고 정치 과정에 영향을 미치기 위해 참여하는 다양한 방법.
* **비판적인 시각** 어떤 정보나 주장을 들었을 때 "정말 그럴까?" 한 번 더 생각해 보고, 객관적인 근거를 바탕으로 분석하고 판단하는 태도.
* **관점** 사물이나 사건, 현상 등을 마주할 때 그 사람이 드러내는 생각 또는 태도.

## 내용체크

**1. <보기>를 보고 빈칸에 알맞은 낱말을 채워 보세요.**

> 보기
> 관점    비판적인 시각

- 다양한 정보를 접하고 (　　　　　　)을 키우는 것은 현대 사회에서 필수적인 능력이다.
- 각자의 (　　　　　　)에 따라 같은 사건도 다르게 보일 수 있다.

**2. 빈칸에 들어갈 말을 본문에서 찾아 쓰세요.**

> 과거에는 사람들이 직접 모여서 시위하거나 정치인들에게 편지를 쓰는 등의 행동으로 정치에 참여했습니다. 하지만 인터넷과 SNS의 발달로 '좋아요'를 누르는 것만으로도 자신의 정치적 의사를 표현할 수 있게 되었습니다. 이처럼 SNS에서 '좋아요'를 누르거나 게시물을 공유하는 등의 활동이 새로운 (　　　　　　)(으)로 주목받고 있습니다.

**3. 글의 내용과 일치하면 O, 다르면 X 하세요.**

- SNS를 통한 정치 참여는 편리하고 효과적이다. ……………………… (　　)
- 다른 사람 의견에 휩쓸리지 않고 비판적인 시각이 필요하다. ………… (　　)

**4. SNS로 '좋아요'를 누르는 것 말고도 정치에 참여할 수 있는 다른 방법에는 어떤 것들이 있을지 생각해서 써 보세요.**

 ## 정치의 의미

오늘은 '정치'에 대해 이야기해 볼까요? 정치 하면 뭐가 떠오르나요?

국회의원이랑 대통령 선거요!

맞아요. 국회의원, 대통령, 선거…… 모두 정치와 관련된 것들이죠. 정치는 단순히 뉴스에서 보는 것처럼 복잡하고 멀리 있는 것만은 아니에요. 정치는 기본적으로 사람들이 함께 살아가는 방법을 정하는 것이라고 할 수 있어요.

그럼 학교에서 교실을 깨끗하게 만들기 위해 청소 당번을 정하는 것, 집에서 가족끼리 여행 갈 곳을 정하는 것도 정치인가요?

맞아요. 의견을 모으고 결정하는 과정이 있으면 모두 정치의 한 모습이라고 할 수 있어요. 이렇게 넓은 의미의 정치는 가정, 학교 등 우리 주변의 모든 공동체에서 일어나는 의사 결정 과정을 포함하는 거예요.

정치가 꼭 어려운 것만은 아니네요. 저도 이제 정치에 관심을 좀 가져야겠어요.

좋아요! 정치에 관심을 가지고 참여하는 것은 민주 시민으로서 중요한 자세예요. 앞으로 우리 반에서도 다양한 의견을 나누고, 함께 결정하는 정치 활동을 많이 해 보도록 해요.

# 부자 나라의 숨겨진 비밀

 2024년 노벨 경제학상은 국가 간 경제적 차이의 원인을 정치 제도에서 찾은 세 명의 경제학자에게 돌아갔어요. 다런 아제모을루 MIT(매사추세츠공과대학교) 교수, 사이먼 존슨 MIT 교수, 제임스 로빈슨 시카고대학교 교수죠. 이들은 연구를 통해 **포용적 정치 제도**가 경제를 발전시키는 중요한 이유라고 주장했어요. 연구 사례로 남한과 북한을 비교했는데 특히 남한이 어떻게 발전했는지를 보여 주면서, 남한의 시장 경제 시스템이 **'한강의 기적'**을 만들었다고 설명해요.
 포용적 정치 제도는 권력이 있는 몇몇 사람들이 모든 걸 결정하는 게 아니라, 국민이 정치에 참여해서 같이 결정하는 제도예요. 반대의 개념으로는 착취적 정치 제도가 있어요. 착취적 정치 제도는 권력이

#포용적 정치 제도 #노벨 경제학상 #착취적 정치 제도

있는 몇몇 사람들이 모든 걸 마음대로 해서 **부정부패**가 생기는 걸 말해요. 이러한 부정부패는 경제 발전을 막아요.

연구진은 남한 경제가 발전한 이유를 포용적 정치 제도에서 찾았어요. 우리나라는 예전에 **권위주의 정권** 시기에도 국민에게 교육과 일자리 기회를 제공하며 경제 성장을 했어요. 이후 민주화를 통해 포용적 제도를 더욱 발전시켜 눈부신 성장을 이루었어요. 우리나라는 북한과 분명한 차이를 보이며, 정치 제도의 중요성을 보여 주는 사례로 평가돼요.

이번 노벨 경제학상은 포용적 정치 제도의 중요성을 다시 한번 일깨워 주고 있어요. 포용적 정치 제도는 단순한 경제 성장을 넘어, 더 나은 사회를 만드는 데 꼭 필요해요.

### 어휘 풀이

- **포용적 정치 제도** 사회 전반에 권력이 고루 분포되어 모든 시민의 평등한 참여가 잘 이루어지게 하는 정치 제도.
- **한강의 기적** 1960년대부터 1990년대까지 한국이 이뤄 낸 급격한 경제 성장을 일컫는 상징적인 표현.
- **부정부패** 규칙이나 법을 어기고 공정하지 않은 방법으로 이익을 얻는 것.
- **권위주의 정권** 권력이 한 명의 지도자나 몇몇 사람에게 집중되어 정부에 대한 비판이나 반대를 허용하지 않는 정치.

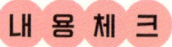 

### 1. 빈칸에 공통으로 들어갈 말을 본문에서 찾아 쓰세요.

- 2024년 노벨 경제학상은 (          ) 정치 제도가 경제를 발전시키는 중요한 이유라고 밝힌 세 명의 경제학자에게 돌아갔습니다.
- (          ) 정치 제도는 권력이 있는 몇몇 사람들이 모든 걸 결정하는 게 아니라, 국민이 정치에 참여해서 같이 결정하는 제도입니다.

### 2. 착취적 정치 제도의 주요 특징은 무엇인가요? ·················· (     )

① 투명한 의사 결정 　　　② 공정한 자원 배분
③ 만연한 부정부패 　　　④ 국민의 의견 반영

### 3. 다음 설명 중 글의 내용과 일치하지 않는 것을 고르세요. ·········· (     )

① 2024년 노벨 경제학상 수상자들은 국가 간 경제적 차이의 원인을 정치 제도에서 찾았다.
② 포용적 정치 제도는 투명하고 공정한 결정을 가능하게 한다.
③ 우리나라는 민주화를 통해 착취적 제도를 더욱 발전시켜 눈부신 성장을 이루었다.
④ 착취적 정치 제도는 경제 발전을 막는 요인 중 하나이다.

### 4. 여러분이 생각하는 모든 시민의 평등한 참여가 잘 이루어지도록 하는 사회는 어떤 모습인가요? 고민해서 써 보세요.

## 정치 톡톡 — 부정부패를 막는 방법

선생님, 브라질에서는 큰 건설 사업을 하기 위해 정부로부터 지원금을 받은 기업이 지원금 일부를 정치인에게 뇌물로 준 적이 있대요.

맞아요. 그 후에 브라질 곳곳에서 부정부패에 항의하는 시위가 일어났어요. 국민은 초록색과 노란색 빗자루를 들고, 국민이 낸 세금을 훔쳐 가지 말라고 주장했죠.

다음에는 어떻게 됐어요?

2년 후에, 브라질의 대통령이 탄핵되었어요. 많은 기업가와 정치인이 구속되고 벌금도 많이 내야 했죠.

그럼 어떻게 해야 부정부패를 막을 수 있을까요?

정보를 투명하게 공개하고, 신고와 같은 국민의 적극적인 참여를 통해 부정부패를 예방할 수 있어요. 어릴 때부터 청렴의 가치를 배우는 교육도 중요하죠.

개인이나 단체의 부정부패를 신고했다가 나중에 협박을 당하거나 문제가 생기면 어떻게 해요? 생각만 해도 무서운걸요.

걱정하지 마세요. 신고자를 보호하는 제도가 있거든요. 모든 시민이 용기 내어 참여할 때 부정부패는 줄어들 수 있어요.

# 북한 식당에 등장한 코카콜라, 변화의 신호일까?

　북한 식당에서 'KFC 케첩'과 '코카콜라'가 등장해 눈길을 끌고 있어요. 자본주의의 상징이라고 할 수 있는 패스트푸드 브랜드 제품들을 북한 일반 식당에 들여온 거예요.

　북한은 그동안 미국을 비롯한 서방 국가의 제품들을 엄격하게 통제해 왔어요. 이는 자본주의의 핵심 가치 중 하나인 '자유로운 시장경제'를 거부하는 북한의 특징을 보여 줘요. 자본주의는 쉽게 말해서 '열심히 일해서 돈을 벌면, 그 돈으로 내가 원하는 걸 사고팔 수 있는 세상'을 말해요. 시장경제에서 생산과 소비가 자유롭게 이루어지는 것이 자본주의의 기본 원리예요. 반대로 북한은 사회주의 체제를 기반으로 하고 있어요. 사회주의는 다같이 생산에 참여해서 거기에서

#자본주의 #KFC 케첩 #코카콜라 #북한 식당

나오는 수익을 다같이 나눠 갖고, 사회 전체의 이익을 먼저 생각해요. 그렇게 하기 위해 모든 경제 활동이 국가의 계획에 의해 통제되거나 실행되지요.

그러나 최근 몇 년 사이 외국인 관광객을 위한 고급 식당이나 상점에서 코카콜라, 커피 등 외국 제품들을 판매하는 모습이 종종 목격되고 있어요. 이는 북한 사회가 외부와 접촉을 늘리고, 경제적 이익을 추구하려는 움직임을 보여 주는 것일 수 있어요. 일부 전문가들은 이번 일로 국제 사회의 북한에 대한 **제재**가 풀릴 수도 있다고 보고 있어요.

하지만 이러한 현상이 북한 사회 전반의 변화를 의미하는지는 좀 더 지켜봐야 해요. 앞으로 북한의 개방 정도와 내부 변화에 관심이 더욱 높아질 것으로 예상돼요.

### 어휘 풀이

- **자본주의** 개인이 재산을 소유할 수 있는 사유 재산 제도를 바탕으로 돈을 벌기 위해 물건을 만들고, 그것을 소비하여 자유롭게 다른 사람들과 경쟁하는 경제 체제.
- **서방 국가** 동유럽을 중심으로 사회주의 국가가 늘어가던 시기에, 이들 국가에 맞선 미국과 서유럽을 중심으로 한 자본주의 국가.
- **체제** 어떤 조직이나 사회, 국가 등의 기본적인 틀이나 질서.
- **제재** 정치, 경제, 군사적인 목적으로 다른 나라의 행동을 제한하거나 압력을 주는 것.

**1. 빈칸에 들어갈 말을 본문에서 찾아 쓰세요.**

- 최근 북한의 한 식당에서 ☐☐☐☐ 의 상징이라고 할 수 있는 코카콜라와 KFC 케첩이 등장해 화제가 되고 있다.
- 북한은 그동안 미국을 비롯한 ☐☐☐ 의 제품들을 엄격하게 통제해 왔다.

**2. 이 글을 읽고 바르지 않게 설명한 학생은 누구인가요? ·················· (   )**

① 민준: 코카콜라와 KFC 케첩이 북한에 있는 걸 보니 북한 사람들은 물건을 자유롭게 사고팔 수 있는 것 같아.
② 혜찬: 북한 사회가 앞으로 개방적인 태도를 보일지는 두고 봐야겠네.
③ 하윤: 그동안 북한 사람들은 미국 물건을 잘 안 썼겠구나.
④ 윤상: 어떤 사람들은 북한이 이제 여러 나라들과 더 친하게 지낼 거라고 생각해.

**3. 북한 식당에 KFC 케첩과 코카콜라가 등장한 이유는 무엇 때문인가요? ·· (   )**

① 북한 주민들이 KFC 케첩과 콜라를 싫어하기 때문이다.
② 북한이 자본주의 체제로 기반을 바꾸었기 때문이다.
③ 북한 사회의 개방적인 변화를 보여 준다.
④ 국제 사회를 향한 북한의 제재는 더 강화될 것이라는 신호이다.

**4. 만약 내가 기자라면 이 기사의 제목을 어떻게 바꾸고 싶나요? 이 기사의 제목을 새롭게 지어 보세요.**

## 정치 톡톡 사회주의

혹시 중국도 북한처럼 사회주의 나라라는 걸 알고 있나요?

네, 뉴스에서 가끔 들어 봤어요. 사회주의는 모든 사람이 함께 똑같이 잘살자는 생각을 기본으로 하는 건데, 그럼 사회주의 체제에서는 개인의 재산이 모두 똑같나요?

사회주의는 '기회의 평등'을 중요하게 생각하고, 빈부 격차를 줄이려고 노력하죠. 하지만 사람들의 능력이나 노력은 다 달라서 사실상 결과까지 똑같을 수는 없어요.

사회주의 나라에도 게으름을 피우는 사람이 있을 텐데 그럴 때는 어떻게 해요? 열심히 일하는 사람과 게으름을 피우는 사람이 똑같이 나눠 가지면, 누가 열심히 일하려고 할까요?

좋은 질문이네요. 사회주의는 전체의 이익을 중요하게 생각하기 때문에, 개인의 책임과 의무도 강조한답니다. 사회주의 사회에서도 열심히 일하는 사람들은 더 많은 보상을 받고 게으름을 피우는 사람들은 비판 받을 수 있어요.

세상에 완벽한 제도는 없는 것 같아요. 우리 사회에 더 맞는 제도가 무엇인지 고민해 보고 보완할 지점에 대해서도 생각해 봐야겠어요.

# 홍범도 장군 흉상, 어디로 가야 하나?

　육군사관학교(이하 육사)가 교내에 설치된 홍범도 장군 **흉상**을 외부로 옮기려고 하면서 **논란**이 되고 있어요.

　육사와 국방부는 홍범도 장군이 1927년 소련 공산당에 가입해 활동한 것을 문제 삼고 있어요. 육사는 "소련 공산당에 가입한 것은 <u>공산주의</u> 이념을 따르는 것으로 자유 민주주의를 **수호**하는 대한민국 육군사관학교의 정신에 맞지 않는다."고 주장하고 있어요.

　반면, **학계**와 시민 단체는 홍범도 장군이 봉오동 전투, 청산리 전투 등에서 활약한 독립운동 영웅이라는 점을 강조하며 흉상을 옮기는 것에 반대하고 있어요. 이들은 "일제 강점기라는 특수한 상황에서 공산주의 활동을 했다고 해서 독립운동가의 업적이 없어지는 것은 아니

#공산주의 #홍범도 장군 흉상 #독립운동가

다."라고 말해요. 일부에서는 홍범도 장군이 독립운동 자금을 마련하기 위해 어쩔 수 없이 소련 공산당에 가입했다고 보며, 육사의 주장이 지나치다고 비판하고 있어요.

현재 육사는 다양한 의견을 모아 가며 홍범도 장군 흉상을 육사 안에서 옮기는 것을 생각 중이에요. 이번 논란은 단순히 흉상을 옮기는 문제를 넘어, 독립운동의 역사와 이념에 대한 사회적 합의를 이끌어 가는 과정이 될 것으로 보여져요. 흉상을 왜 옮겨야 하는지, 어디로 옮기는 것이 좋을지 등 많은 사람들의 공감대를 이루려는 노력이 필요해요.

### 어휘 풀이

* **공산주의** 모든 사람이 함께 돈 벌 수 있는 수단을 나눠 가지고, 잘 사는 사람과 못 사는 사람 없이 모두 똑같이 평등하게 살아 가는 것을 목표로 하는 사회. 많은 사회주의 국가가 공산주의를 이상으로 삼았지만 실제로는 국가가 생산 수단(공장, 토지, 자원 등)을 소유하고 관리함.
* **흉상** 인물의 업적을 기리고 기억하기 위해 머리부터 가슴까지의 모습을 조각한 것.
* **논란** 여럿이 서로 다른 의견을 내며 다툼.
* **수호** 어떤 가치나 이념을 지키고 유지하는 것.
* **학계** 특정 학문 분야를 연구하는 사람들과 그들이 활동하는 곳.

### 내용 체크

**1. 빈칸에 들어갈 말을 본문에서 찾아 쓰세요.**

- 육사는 홍범도 장군이 소련 공산당에 가입한 것은 ☐☐☐☐ 이념을 따르는 것으로, ☐☐☐☐☐☐(을)를 수호하는 육사의 정신에 맞지 않는다고 주장했다.

**2. 글의 내용과 일치하면 O, 다르면 X 하세요.**

- 학계와 시민 단체는 홍범도 장군의 흉상을 옮기는 것에 찬성한다. ………… ( )
- 홍범도 장군이 참여한 대표적인 독립운동 전투는 봉오동 전투와 청산리 전투이다. ………… ( )

**3. 육사가 홍범도 장군 흉상을 옮기자고 주장하는 가장 큰 이유는 무엇인가요?**
………… ( )

① 공산주의 활동이 육사의 정신과 맞지 않는다고 보았기 때문이다.
② 홍범도 장군의 업적이 과장되었다고 생각했기 때문이다.
③ 독립운동 과정에서 일본 편을 들었다고 의심했기 때문이다.
④ 흉상의 위치가 지나다니는 사람들에게 피해가 가기 때문이다.

**4. 홍범도 장군 흉상을 옮기는 문제에 대해 어떻게 생각하나요? 찬성과 반대 중 자신의 입장을 선택하고, 이유를 써 보세요.**

홍범도 장군 흉상을 옮기는 것에 ( 찬성 / 반대 )한다. 왜냐하면

## 정치 톡톡 — 독재 정권

선생님, 공산주의는 모든 사람이 평등하게 사는 거라고 하셨는데, 왜 공산주의를 따르는 북한 사람들은 평등하지 않아 보여요?

좋은 질문이네요. 사실 공산주의는 좋은 목표를 가지고 있지만, 현실에서는 그렇게 되지 못하는 경우가 많아요. 특히 북한처럼 독재 정권이 권력을 잡으면 사람들의 생활이 어려워지기도 해요.

독재 정권이 뭐예요?

독재 정권은 한 사람이나 몇몇 사람들이 모든 권력을 가지고 왕처럼 나라를 마음대로 다스리는 거예요. 옛날에는 히틀러나 무솔리니와 같은 독재자들이 전쟁을 일으켜서 많은 사람들을 힘들게 했어요.

그럼 독재 정권에서는 사람들이 자유롭게 생각을 말할 수 없는 건가요?

독재 정권에서는 사람들의 자유를 억압하고, 인권을 침해하는 경우가 많아요. 정부에 반대하는 말을 하면 감옥에 가거나 벌을 받을 수도 있어요. 사람들이 자유롭게 정치에 참여할 수도 없답니다.

우리나라가 민주주의 국가여서 참 다행이네요. 민주주의는 우리가 지켜야 할 소중한 가치인 것 같아요.

# 트럼프는 왜 그린란드를 탐내나?

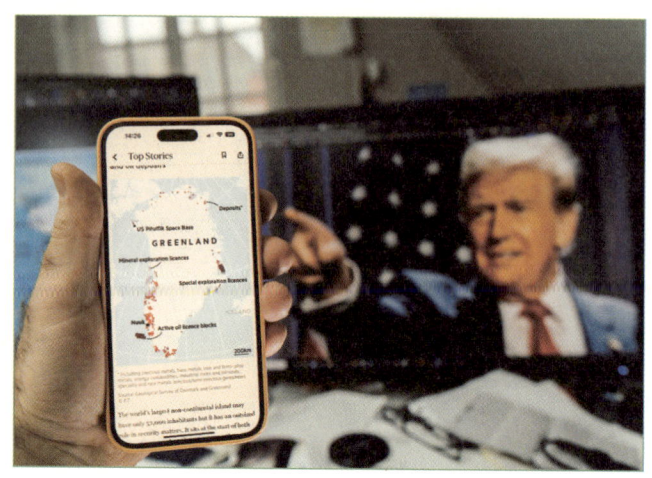

 도널드 트럼프 미국 대통령은 최근 기자 회견에서 그린란드를 미국의 <u>영토</u>로 삼기 위해 군사력을 사용할 수도 있다고 밝혔어요. 이번 일은 미국의 영토 확장에 대한 새로운 시각을 **제시**하며, 국제 사회의 주목을 받고 있어요.

 국가의 3**요소**, 즉 영토, 국민, <u>주권</u>은 국가를 이루는 데 꼭 필요해요. 이 중 영토는 국가의 주권이 미치는 공간을 의미해요. 그린란드는 덴마크에 속한 세계에서 가장 큰 섬으로, 미국이 **전략**적으로 탐내는 지역이에요. 그린란드를 미국의 영토로 삼으려는 이유는 이 지역이 중요한 위치에 있으며, 자원이 많아 가치가 크기 때문이에요.

 국민은 국가의 구성원으로, 일정한 영토 내에서 생활하는 사람들을

#국가의 3요소 #영토 #주권 # 국민 #트럼프 대통령

말해요. 그린란드의 주민들은 덴마크에 속해 있으면서 그들의 고유한 문화를 가지고 있어요. 만약 그린란드가 미국의 영토가 된다면 이들의 고유한 문화가 어떻게 변화할지에 대해 모두 걱정하고 있어요.

주권은 다른 나라에 간섭받지 않고 스스로 나라를 다스리는 힘을 말해요. 그린란드가 미국의 영토가 되면 그린란드 수민들은 국가와 관련된 일을 스스로 결정하는 힘이 사라지게 될 거예요.

그린란드에 대한 미국의 관심은 국가의 3요소 즉, 영토, 국민, 주권의 중요성을 다시 한번 일깨워 주고 있어요. 앞으로도 그린란드의 미래에 대한 전 세계의 관심이 더욱 커질 것으로 예상돼요.

### 어휘 풀이

* **영토** 한 나라가 자신의 법과 제도를 적용하고 다스릴 수 있는 땅의 범위. 하늘이나 바다를 포함하기도 함.
* **주권** 한 나라가 다른 나라의 간섭 없이 스스로 다스릴 수 있는 권리와 힘.
* **제시** 상대방이 볼 수 있도록 어떤 의사를 말이나 글로 드러내어 알림.
* **요소** 무엇을 만들기 위해 꼭 필요한 것.
* **전략** 목표를 달성하기 위해 세우는 전체적인 계획이나 방법.

## 내용체크

**1. 빈칸에 들어갈 말을 국가의 3요소 중에서 찾아 쓰세요.**

- 대한민국의 ☐☐(은)는 한반도와 그 주변의 섬들이다.
- 어떤 나라는 ☐☐(을)를 잃고 다른 나라의 지배를 받기도 한다.
- 선거는 ☐☐(이)가 나라의 일을 결정하는 중요한 방법이다.

**2. 글의 내용과 일치하면 O, 다르면 X 하세요.**

- 덴마크는 그린란드를 미국에 팔기로 했다. ……………………………… ( )
- 주권이 없으면 국제 사회에서 제대로 된 목소리를 내기 어렵다. ………… ( )

**3. 그린란드에 대한 트럼프 대통령의 관심이 단순한 영토 확장을 넘어선 복합적인 문제로 보이는 이유는 무엇인가요? ……………………………… ( )**

① 그린란드가 가진 자원과 지리적 위치의 중요성 때문이다.
② 덴마크와 미국은 역사적으로 앙숙 관계이기 때문이다.
③ 그린란드 주민의 미국 문화에 대한 동경 때문이다.
④ 국제 사회의 압력 때문이다.

**4. 국가를 이루는 3요소인 국민, 영토, 주권은 모두 중요해요. 그중에서 가장 중요하다고 생각하는 것은 무엇이고, 왜 그렇게 생각하는지 써 보세요.**

_____

_____

_____

 ## 국가로 인정받지 못하는 나라

 지난 시간에 배운 국가의 3요소 기억나나요?

 네, 선생님! 영토, 국민, 그리고 주권이요!

 선생님, 저는 영토랑 국민이 있는데 주권이 없는 나라도 있다고 들은 적이 있어요. 모든 나라가 주권이 있는 게 아닌 건가요?

 맞아요, 세상에는 공식적인 국가로 인정받지 못한 나라가 있어요.

 네? 어떤 나라예요? 왜 그렇게 된 거예요?

 대표적인 예로 대만과 팔레스타인을 들 수 있어요. 대만과 팔레스타인 모두 땅과 사람은 있지만, 다른 나라의 영향을 받거나 분쟁 때문에 완전한 주권을 행사하지 못하고 있어요.

 아! 대만은 중국이 자기 영토라고 주장하고 있고, 팔레스타인은 이스라엘과 영토 분쟁을 겪고 있다고 기사에서 읽은 적이 있어요.

 맞아요. 두 나라 모두 다른 나라의 간섭 때문에 스스로 나라를 운영하기 힘들고, 국제 사회에서 목소리를 내기 어려워 답답할 거예요. 그래서 국제 사회의 관심과 도움이 필요해요.

# 《소년이 온다》, 한강 노벨상에 '가슴 뜨거워'

© John Sears

　소설가 한강이 우리나라 최초이자, 아시아 여성 최초로 2024년 노벨 문학상을 받았어요. 《소년이 온다》 등 다수의 작품을 통해 깊이 있는 주제 의식을 보여 준 한강 작가는 이번 수상으로 한국 문학의 **위상**을 높였어요. 특히 《소년이 온다》는 **5·18 민주화운동**의 역사적 의미를 전 세계에 알리게 되었다는 점에서 더욱 뜻깊어요.

　《소년이 온다》는 1980년 5월 광주에서 벌어진 5·18 민주화운동을 배경으로, 당시 **계엄군**의 폭력에 희생된 소년과 그 주변 인물들의 슬픔, 용기와 희망을 그린 작품이에요. 스웨덴 한림원은 《소년이 온다》에 대해 **억압**에 맞서 민주주의를 간절히 바라는 인물들의 모습이 전 세계 독자들에게 깊은 감동을 준다고 평가했어요.

#민주주의 #소년이 온다 #5·18 민주화운동

　민주주의는 국민이 나라의 주인이 되어 스스로 나라를 다스리는 것을 말해요. 모든 사람은 소중하며, 누구나 생각을 자유롭게 말하고, 투표를 통해 나라의 중요한 일을 결정할 권리가 있다는 것도 민주주의의 기본이에요. 《소년이 온다》는 이러한 민주주의를 위해 용감하게 싸운 사람들의 이야기를 담고 있어 더욱 특별해요.

　시민들은 한강 작가의 수상 소식에 "이번 수상을 통해 5·18 민주화 운동의 진실과 정신이 더욱 널리 알려지기를 바란다."라고 말했어요. 이 작품을 통해 더 많은 사람이 민주주의의 소중함을 깨닫는 기회가 되면 좋겠어요.

### 어휘 풀이

* **민주주의** 국민이 권력을 가지고 스스로 다스리는 정치 제도.
* **위상** 어떤 사물이 다른 사물과의 관계 속에서 가지는 위치나 상태.
* **5·18 민주화운동** 1980년 5월 18일부터 27일까지 군사 정권에 맞서 광주와 전남 지역에서 일어난 시민들의 민주화 요구 시위.
* **계엄군** 비상사태 시 질서를 바로잡기 위해 투입된 군대.
* **억압** 사람의 자유나 권리, 의사를 힘으로 누르는 것.

## 1. 빈칸에 들어갈 말을 본문에서 찾아 쓰세요.

> 스웨덴 한림원은 《소년이 온다》에 대해 억압적인 권력에 맞서 (　　　　　　)(을)를 간절히 바라는 인물들의 모습을 그렸다고 평가했다.

## 2. 글의 내용과 일치하면 O, 다르면 X 하세요.

- 한강 작가는 아시아 여성 최초로 노벨 문학상을 받았다. ……………… (　　)
- 《소년이 온다》는 5·18 민주화운동 당시 계엄군의 폭력에 희생된 소년에 대한 이야기가 나온다. ……………………………………………………… (　　)

## 3. 민주주의에 대한 가치를 가장 잘 설명한 것은 무엇인가요? ……… (　　)

① 군인이 권력을 갖고 모든 것을 통제하는 것
② 몇몇 사람들이 모든 결정을 내리는 것
③ 국민이 주권을 가지고 자유롭게 의견을 표현하며 참여하는 것
④ 경제를 최우선으로 하는 것

## 4. 한강 작가님에게 노벨 문학상 수상 축하 메시지를 전한다면 어떤 내용을 담고 싶은지 써 보세요.

_____
_____
_____

## 정치 톡톡 민주화운동

 혹시 민주화운동에 대해 들어 본 적이 있나요?

 뉴스에서 들어 본 것 같은데 기억은 잘 안 나요.

 민주화운동은 국민이 자유와 권리를 찾기 위해 노력했던 과정이에요. 예를 들어, 우리가 학교에서 하고 싶은 말을 자유롭게 하고, 모든 친구가 빠짐없이 공부할 수 있는 자유와 권리를 말해요.

 아하! 그럼 옛날에는 그런 자유나 권리가 없었나요?

 안타깝지만, 자유와 권리가 없던 시절도 있었어요. 1961년부터 1987년까지의 군사 정권 시기에는 군인들이 나라를 다스렸어요. 그때는 국민이 자유롭게 의견을 말하거나, 직접 투표를 통해 대통령을 뽑을 수 없었어요.

 으악! 그럼, 사람들이 화가 많이 났겠네요!

 맞아요. 1987년 6월에는 전국 각지에서 사람들이 거리로 쏟아져 나와 대통령 직접 뽑겠다며 민주주의를 요구했어요. 6월 민주화운동 덕분에 우리는 지금처럼 직접 투표를 통해 대통령을 뽑을 수 있게 된 거예요.

 민주화운동을 하셨던 분들에게 감사해야겠어요.

# 아이유×변우석, 입헌군주제 로맨스 탄생

인기 스타 아이유와 변우석이 입헌군주제를 배경으로 신분 차이를 뛰어넘는 로맨스 드라마를 선보일 예정이에요. 입헌군주제는 왕은 존재하지만, 실질적인 **통치** 권력은 국민이 뽑은 의회에 있는 정치 체제를 말해요.

〈궁〉, 〈더 킹 : 영원의 군주〉 등 드라마 속 입헌군주제는 화려한 왕실과 로맨틱한 분위기를 배경으로 펼쳐져요. 하지만 현실 속 영국, 일본 등 입헌군주국에서는 왕실의 존재 자체에 대한 끊임없는 **논쟁**이 벌어져요.

일부에서는 왕실이 국가의 상징으로서 국민 통합에 기여한다고 주장하지만, 다른 한편에서는 막대한 세금을 낭비하는 존재로 비판해

#아이유 #변우석 #입헌군주제

요. 특히, 왕실 구성원의 사생활 논란이나 정치적 이야기는 국민들의 **반감**을 사기도 해요.

입헌군주제에서 왕은 '**군림**하되 통치하지 않는다'는 원칙 아래 상징적인 존재로 여겨져요. 하지만 왕실 구성원의 발언은 국민들의 정치적 의견 형성에 영향을 미칠 수 있어요. 또한, 왕실은 외교 활동이나 국가 행사에서 중요한 역할을 수행하며 국가 이미지를 만드는 데 기여하기도 해요.

입헌군주제는 끊임없이 변화하는 시대 속에서 왕과 국민의 관계에 대한 새로운 가능성을 찾고 있어요. 드라마처럼 화려하지는 않지만, 현실 속 입헌군주제는 다양한 이야기와 논쟁을 통해 우리에게 끊임없는 질문을 던져요.

### 어휘 풀이

* **입헌군주제** 군주(왕)이 존재하지만, 군주 대신 국민이 뽑은 대표가 나라를 다스림.
* **통치** 국가나 단체를 다스리고 관리하는 것.
* **논쟁** 어떤 문제에 대해 서로 다른 의견을 가지고 다툼.
* **반감** 어떤 대상에 대해 불쾌해 하거나 싫어하는 감정.
* **군림** 임금으로서 나라를 다스리고 거느리는 것.

## 내 용 체 크

**1. 다음 문장을 읽고 빈칸에 들어갈 말을 본문에서 찾아 쓰세요.**

- 오늘날 영국, 일본과 같이 왕이나 여왕이 있지만, 국민이 뽑은 대표들이 나라를 다스리는 체제를 ☐☐☐☐☐(이)라고 한다.

**2. 입헌군주제에서 왕의 역할로 가장 적절한 것은 무엇인가요? ………… (   )**
① 모든 정치적 결정을 내린다.
② 국민이 선출한 의회를 통치한다.
③ 외교 활동이나 국가 행사에서 중요한 역할을 한다.
④ 군대를 직접 지휘하여 전쟁에 나간다.

**3. 현실 속 입헌군주제 국가에서 왕실의 존재에 대한 논쟁이 벌어지는 이유는 무엇인가요? ………………………………………………………………… (   )**
① 왕실의 막대한 세금 낭비
② 왕실 구성원의 뛰어난 정치적 능력
③ 왕실의 적극적인 사회봉사 활동
④ 왕실의 국민과의 활발한 소통

**4. 입헌군주제 국가의 왕실 구성원이 된다면 어떤 역할을 하고 싶나요? 첨단 기술을 활용해 국민과 소통하거나, 사회 문제 해결하는 등 자신만의 왕실 활동 계획을 세워 보세요.**

## 정치 톡톡 절대군주제

 오늘은 옛날 왕들이 나라를 다스리던 방식 중 하나인 '절대군주제'에 대해 이야기해 볼 거예요. 혹시 절대군주제에 대해 들어 본 적 있는 사람이 있나요?

 네, 선생님! 절대군주제는 왕이 자기 마음대로 나라를 다스리는 거라고 들었어요.

 오, 맞아요! 아주 간단하게 말하면 그런 뜻이죠. 좀 더 자세히 알아볼까요? 절대군주제는 왕이 법, 세금, 전쟁 등 나라의 모든 일을 혼자 결정하는 정치 체제예요. 마치 왕이 나라 전체를 자기 소유물처럼 다루는 거죠.

 그럼 왕이 정말 뭐든지 마음대로 할 수 있었나요?

 거의 그랬다고 볼 수 있어요. 대표적인 예로 프랑스의 루이 14세는 "짐이 곧 국가다."라는 유명한 말을 남겼죠. 이 말처럼 왕의 권력이 엄청났어요.

 왕이 모든 권력을 가지면 나쁜 점만 있나요? 좋은 점도 있지 않았을까요?

 물론이에요. 왕의 강력한 통치력 덕분에 신속한 의사 결정이 가능했고, 국가를 발전시킬 수 있었어요. 하지만 왕의 잘못된 결정으로 인해 국가가 위험에 빠질 수도 있다는 큰 단점도 있었답니다.

# 노키즈 존, 자유와 평등의 팽팽한 줄다리기

　세계에서 가장 낮은 출산율을 기록 중인 대한민국에서 '노키즈 존(no kids zone)'이 빠르게 확산되고 있어요. 워싱턴포스트(WP)에 따르면, 현재 국내 노키즈 존은 약 500여 곳에 달해요.
　해외 항공사들도 잇달아 어린이 탑승을 제한하는 '노키즈 존'을 도입하고 있어요. 아이가 없는 성인 여행객이나, 조용히 일하기를 원하는 비즈니스 여행객을 위한 방침이라고 설명하지요.
　노키즈 존은 어린이의 출입을 **제한**하는 곳으로, 소란스러운 아이들 때문에 가게 안 다른 손님들이 피해를 본다는 이유로 생겨났어요. 하지만 노키즈 존을 둘러싼 **논란**은 끊이지 않고 있어요. 노키즈 존을 찬성하는 사람들은 영업의 <u>자유</u>를 주장해요. 내 가게니까 내 마음대로

#자유 #노키즈 존 #평등

운영하겠다는데 무슨 문제냐는 것이죠. 반면 반대하는 사람들은 노키즈 존이 아동을 차별하는 행위이며, 모든 사람이 **평등**하게 이용할 권리를 빼앗아 가는 거라고 말해요.

민주주의 사회에서는 모든 국민이 신분, 성별, 연령, 직업 등에 차별 없이 평등해요. 노키즈 존은 특정 **연령**대의 사람들을 차별하는 것으로 민주주의 정신에 어긋나요. 하지만 가게의 주인들은 다른 손님들을 위해서는 어쩔 수 없는 선택이라고 맞서고 있어요.

노키즈 존 논란은 개인의 자유와 평등이라는 두 가지 가치가 부딪히는 대표적인 사례예요. 자유와 평등은 모두 민주주의 사회에서 중요한 가치이지만, 어느 한쪽으로 치우치면 다른 한쪽이 침해받을 수 있어요. 따라서 자유와 평등은 조화롭게 균형을 맞춰 나가야 해요. 가게 주인과 아이와 함께 온 손님은 서로의 상황을 이해하고 존중하는 태도가 필요해요.

### 어휘 풀이

* **자유** 내가 하고 싶은 것을 마음대로 할 수 있는 상태.
* **평등** 모든 사람이 똑같은 권리와 기회를 얻는 것.
* **제한** 정해진 규칙에 따라 어떤 것을 막거나 금지함.
* **논란** 서로 의견이 달라 옳고 그름을 따지며 다툼.
* **연령** 사람이 세상에 태어나 살아온 햇수.

### 내용체크

**1. 빈칸에 들어갈 알맞은 말이 무엇일지 고르세요. ( )**

> 노키즈 존 논란은 (    )(와)과 (    )(이)라는
> 두 가지 가치가 충돌하는 대표적인 사례이다.

① 자유, 평등  ② 성장, 경쟁
③ 책임, 의무  ④ 질서, 안정

**2. 노키즈 존에 대한 설명으로 옳지 않은 것은 무엇인가요? ( )**

① 어린이의 출입을 제한하는 곳이다.
② 소란스러운 아이들 때문에 다른 손님들이 피해를 본다는 이유로 생겨났다.
③ 노키즈 존을 찬성하는 사람들은 영업의 자유를 주장한다.
④ 노키즈 존은 민주주의 사회에서 모든 국민이 평등하다는 원칙에 잘 부합한다.

**3. 노키즈 존 논란을 해결하기 위한 가장 적절한 방법을 고르세요. ( )**

① 모든 가게가 노키즈 존을 도입해야 한다.
② 어린이가 있는 가정은 외식을 자주 하지 않아야 한다.
③ 가게 주인과 고객이 서로의 입장을 존중해야 한다.
④ 법으로 노키즈 존을 금지해야 한다.

**4. 여러분은 '노키즈 존'에 대해서 어떻게 생각하나요? 찬성과 반대 중에서 입장을 선택하고, 그 이유를 써 보세요.**

나는 노키즈 존에 ( 찬성 / 반대 ) 한다. 왜냐하면

## 정치 톡톡  자유의 여신상

 오늘은 미국의 상징이자 세계적으로 유명한 자유의 여신상에 대해 이야기해 볼 거예요. 혹시 자유의 여신상에 대해 아는 것이 있나요?

 뉴욕에 있는 거대한 동상이고, 프랑스가 미국 독립을 기념해 선물했다고 들었어요. 오른손에 높이 들고 있는 횃불이 자유의 빛을 상징한대요.

 맞아요. 아주 잘 알고 있네요. 자유의 여신상은 여러 가지 상징물을 통해 자유의 의미를 표현하고 있어요. 그럼, 왼손에 들고 있는 건 뭘까요?

 뭔가 책 같은 걸 들고 있어요.

 그건 '법전'이에요. 법전에는 미국의 독립선언서가 새겨져 있는데, 법 아래에서의 평등과 정의를 상징해요. 모든 사람이 법 앞에 평등하고, 그 법에 따라 자유가 보장된다는 의미죠.

 혹시 머리에 쓰고 있는 왕관에도 특별한 의미가 담겨 있나요?

 좋은 질문이에요. 여신상이 쓰고 있는 왕관의 7개의 뿔은 7개의 대륙과 7개의 대양을 뜻해요. 자유가 전 세계 모든 곳으로 뻗어 나가기를 바라는 의미를 담고 있지요.

# 트럼프가 차지한 '매직넘버 270'

 2024년 미국 대통령 선거에서 도널드 트럼프를 최종 승리자이자 대통령으로 결정지었던 마법의 숫자, 바로 '매직넘버 270'이에요. 과연 270이라는 숫자에는 어떤 비밀이 숨겨져 있을까요?

 미국 대통령 선거는 우리나라와 달리 국민이 직접 대통령을 뽑는 방식이 아니에요. 우리나라는 18세 이상인 국민이 1인 1표를 행사하고, 가장 많은 표를 받은 후보가 대통령으로 **당선**되는 <u>직접선거</u> 방식을 사용해요. 하지만 미국은 국민이 **선거인단**을 뽑고, 이 선거인단이 대통령을 뽑는 <u>간접선거</u> 방식을 사용해요. 각 주의 선거인단 수는 그 주의 인구수에 **비례**해 결정되어요. 예를 들어, 인구가 많은 캘리포니아주는 55명의 선거인단을 보유하고 있지만, 인구가 적은 알래스카

#미국 대통령 #선거인단 제도 #간접선거 #직접선거

주는 단 3명에 불과해요. 전체 선거인단 수는 538명이며, 대통령으로 당선되려면 절반이 넘는 270명 이상의 표를 얻어야 해요. 이것이 바로 '매직넘버 270'의 비밀이에요.

각 주에서는 더 많은 표를 얻은 후보가 해당 주의 선거인단을 모두 가져가요. 이러한 제도 때문에 2016년 대선에서는 힐러리 클린턴 후보가 전국적으로 더 많은 표를 얻었음에도, 선거인단 수에서 트럼프 후보에게 밀려 패배하는 일이 벌어졌어요.

미국 대선에서는 언제나 매직넘버 270을 차지하기 위한 치열한 경쟁이 펼쳐져요. 과연 다음 선거에서는 누가 이 숫자의 주인공이 될지, 전 세계의 이목이 쏠릴 것으로 예상돼요.

### 어휘 풀이

* **직접선거** 국민이 직접 후보자에게 투표해 대표자를 뽑는 방식.
* **간접선거** 국민이 직접 투표하는 것이 아니라, 국민이 뽑은 대표들이 다시 투표하는 방식.
* **당선** 선거에서 이겨서 뽑힌 것.
* **선거인단** 간접선거에서 투표할 자격이 있는 사람.
* **비례** 둘 이상의 것을 비교할 때, 한쪽의 양이나 수가 변하면 다른 쪽도 함께 일정하게 변하는 것.

### 내용체크

**1. 미국과 우리나라 대통령 선거 방식의 차이점에 대한 글의 일부입니다. 빈칸에 알맞은 말을 넣으세요.**

> **미국과 우리나라 대통령 선거 방식**
> 미국의 대통령 선거는 ( ① ) 방식으로 진행되며, 대한민국은 ( ② ) 방식을 따르고 있다. 선거 방식은 그 나라의 역사적, 정치적 배경에 따라 정해진다.

① (                    )    ② (                    )

**2. 글의 내용과 일치하면 O, 다르면 X 하세요.**

- 미국 대선에서 대통령이 되기 위해서는 270명 이상의 선거인단을 확보해야 한다. ············································································· (     )

- 2016년 대선에서는 힐러리 클린턴 후보가 선거인단 수에서 도널드 트럼프 후보를 이겼다. ················································································ (     )

**3. 빈칸에 들어갈 알맞은 말을 고르세요.** ···································· (     )

> 미국 대통령 선거에서 각 지역의 선거인단 수는
> (                    )에 비례하여 결정된다.

① 지역의 경제력        ② 지역 인구수
③ 지역의 크기          ④ 지역의 역사적 중요성

**4. 여러분은 대통령을 뽑는 간접선거 방식에 대해서 어떻게 생각하나요? 입장을 선택하고 그 이유를 써 보세요.**

나는 간접선거 방식에 ( 찬성 / 반대 )한다. 왜냐하면

## 정치 톡톡  매니페스토

혹시 매니페스토에 대해 들어 본 사람 있나요?

저요! 선거 때 후보들이 하는 약속 같은 거 아닌가요? "뽑아 주면 치킨 쏜다!" 이런 거요!

치킨 쏜다고 약속하면 부정 선거야. 큰일 날 소리!

하하하, 선거 때 후보들이 하는 약속은 맞는데, 매니페스토는 좀 더 특별해요. 어떻게 그 약속을 지킬 건지 구체적인 계획까지 담겨 있거든요.

아하! 그럼 "학교 급식에 신메뉴 10개 추가하겠다!" 이런 것도 매니페스토인가요?

지킬 수 있는 계획이 담긴 약속이면 모두 가능해요. 예를 들어, "다양한 동아리 활동을 지원해서 학생들의 숨겨진 재능을 찾는 것을 도와주겠다."와 같이 구체적인 목표와 방법을 제시하는 거예요.

좀 어렵네요. "숙제 없애겠다!"고 하면 쉬울 텐데.

매니페스토는 학교 전체를 위한 약속이어야 해요. 그리고 꼭 지켜야 하는 약속이라는 것도 잊지 마세요.

다음 회장 선거 때는 꼭 매니페스토를 만들어서 멋진 선거를 해 볼래요.

# 과일부터 연필까지, 나라별 특별한 투표 이야기

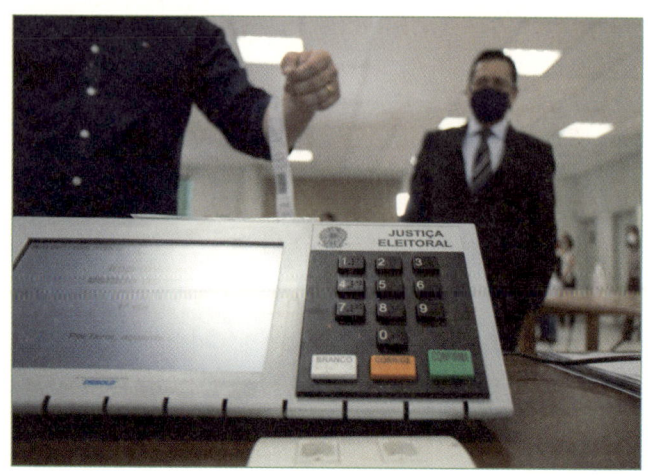

제21대 대통령을 뽑는 **투표**가 2025년 6월 3일에 실시되어요. 투표는 민주주의 사회에서 국민의 권리를 행사하는 중요한 기회이기에 '민주주의의 꽃'이라고 불려요. 이렇듯 국민의 목소리가 투표를 통해 반영되는 것은 같지만, 그 방식은 나라마다 달라요.

아프리카 케냐에서는 2005년 법을 바꾸기 위한 국민 투표 당시 **문맹률**이 높아서 과일 투표를 했어요. 찬성은 바나나, 반대는 오렌지 그림에 표시하도록 해 글을 모르는 사람도 쉽게 참여할 수 있도록 했죠.

브라질은 전 세계에서 가장 먼저 전자 투표 시스템을 도입한 나라예요. 시민들이 터치스크린 방식으로 후보자를 선택해 빠르고 정확한 **개표**가 가능해요.

#투표 #민주주의의 꽃 #각양각색 #21대 대통령

　호주는 투표하지 않으면 벌금을 내는 의무 투표제를 시행하고 있어요. 그래서인지 호주의 투표율은 90퍼센트가 넘어요. 호주 외에 의무 투표제를 하는 나라는 브라질, 벨기에, 싱가포르 등이 있어요.

　가장 흥미로운 것은 일본의 투표 방식이에요. 일본에서는 투표용지에 후보자 이름을 직접 써야 해요. 볼펜은 잉크가 번질 수 있어 볼펜 대신 연필을 사용해야 한다는 **규정**도 있어요.

　이처럼 세계 각국은 각자의 상황에 맞는 다양한 투표 방식을 통해 민주주의를 실현하고 있어요. 투표 방식은 다르지만, 더 나은 사회를 만들고자 하는 국민의 마음이 담긴다는 점은 같아요.

### 어휘 풀이

* **투표** 선거하거나 찬반을 결정할 때, 투표용지에 의사를 표시해 일정한 곳에 내는 일.
* **문맹률** 배우지 못하여 글을 읽거나 쓸 줄 모르는 사람의 비율.
* **개표** 투표가 끝난 후, 후보자별 투표수를 세어 합하는 것.
* **규정** 정해 놓은 내용이나 기준.

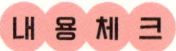 

**1. 빈칸에 공통으로 들어갈 말을 본문에서 찾아 쓰세요.**

> 민주주의 사회에서 살아가는 우리는 다양한 방식으로 정치에 참여한다. 그중에서도 가장 기본적이고 중요한 참여 방식은 바로 (           ) 이다. (           )(은)는 단순히 한 표를 던지는 행위를 넘어, 우리의 목소리를 내고, 사회의 방향을 결정하는 중요한 과정이다. 우리의 권리이지 책임인 (           )에 적극적으로 참여해 더 나은 미래를 만들어 가야 한다.

**2. 다음 중 글의 주제를 가장 잘 나타내는 것은 무엇인가요? ················ (     )**

① 전자 투표 시스템의 장점과 단점
② 세계 여러 나라의 독특한 투표 문화
③ 의무 투표제의 효과
④ 투표율을 높이기 위한 국가별 노력

**3. 기사 내용에 나오지 <u>않은</u> 투표 방식은 무엇인가요? ················ (     )**

① 케냐 - 과일 투표          ② 브라질 - 전자 투표
③ 호주 - 의무 투표          ④ 이집트 - 그림 투표

**4. 여러분이 생각하는 미래 사회에서는 투표가 어떤 모습으로 변화할지 자유롭게 상상하여 글을 써 보세요.**

 ## 선거의 4대 원칙

 자, 오늘은 선거에 대해 알아볼 거예요. 선거에는 중요한 4가지 원칙이 있는데, 혹시 아는 사람 있나요?

 저요! 선거는 꼭 해야 한다는 거요.

 하하, 맞아요. 투표는 우리의 권리이자 의무죠. 20세 이상 모든 국민은 선거할 수 있다는 것을 '보통선거' 원칙이라고 해요. 다른 원칙들도 있어요.

 아, 저 알아요! '평등선거'요. 가진 돈이나 나이, 성별 등에 상관없이 누구나 똑같이 한 표씩 행사하는 거죠?

 딩동댕! 그럼 이건 어때요? 내가 누구 뽑았는지 아무도 몰라야 하는 거요?

 앗, 그거 '비밀선거'잖아요. 혹시 부끄러워서 몰래 숨어서 투표하는 건가요?

 하하, 재미있는 생각이네요. 비밀선거는 다른 사람들이 누구를 찍었는지에 대해 영향 받지 않고, 남의 눈치 보지 말고 자유롭게 투표하라는 거예요. 마지막 하나는 뭘까요?

 '직접선거'요! 내가 직접 투표소에 가서 뽑아야죠.

 정답! 선거의 4대 원칙들을 잘 지켜야만 공정하고 민주적인 선거를 치를 수 있답니다.

# 나라의 운명은 내 손에, 국민주권

ⓒ 위더스 필름,
넥서스 엔터테인먼트 월드

 "대한민국 헌법 제1조 2항, 대한민국의 주권은 국민에게 있고 모든 권력은 국민에게서 나옵니다. 국가란 곧 국민입니다!"

 노무현 전 대통령과 실제 일어난 일을 바탕으로 만든 영화 '변호인'에 나온 대사예요. 영화 변호인은 1980년대를 배경으로, 한 변호사가 학생을 **변호**하면서 인권 변호사로 거듭나는 이야기를 그린 작품이랍니다.

 우리나라는 국민이 주인인 나라예요. 우리는 이를 <u>국민주권</u>이라고 해요. <u>주권</u>은 나라의 중요한 일을 결정하는 권리예요. 우리나라 **헌법** 제1조를 보면 이렇게 나와 있어요. "대한민국은 민주 공화국이다." "대한민국의 주권은 국민에게 있고, 모든 권력은 국민으로부터 나온

#국민주권 #주권 #국가란 국민입니다!

다." 이 말은 국민이 나라의 주인이고, 나라의 중요한 결정은 국민이 참여해서 내린다는 뜻이에요.

국민에게는 나라에서 보장해 주는 권리가 있어요. 하고 싶은 말을 하거나 글을 쓰고 생각을 표현할 수 있는 자유권, 사회생활에서 이유 없이 불평등한 **차별**을 받지 않는 평등권이 보장받을 수 있는 권리에 해당해요.

우리나라는 국민 한 사람 한 사람이 나라를 움직이는 큰 힘을 가지고 있어요. 국민이 직접 나라를 운영하는 대통령과 법을 만드는 국회 의원을 뽑고, 국민이 필요하고 원하는 것을 정책과 법에 넣을 수 있어요. 그러니 국민 모두가 적극적으로 참여하고 함께 고민하며 결정해 더 나은 나라를 만들어 가는 것이 필요해요.

### 어휘 풀이

- **국민주권** 국가의 주인이 국민이고, 국가의 중요한 일을 결정할 수 있는 최고 권력인 주권이 국민에게 있다는 것.
- **주권** 국민이 나라의 중요한 일을 스스로 결정하는 권리.
- **변호** 억울한 사람을 도와서 이유를 설명하고 지켜 주는 일. 또는 법정에서 검사에 의해 형사 책임을 받아야 할 사람으로 지목된 피고인을 대신해 이야기하고 이익을 지켜 주는 일.
- **헌법** 나라에서 가장 중요한 법.
- **차별** 이유 없이 사람들 다르게 대하는 일.

 **내용 체크**

1. <보기>를 보고 빈칸에 알맞은 낱말을 채워 보세요.

   보기
   헌법    변호    차별

   - 친구가 선생님께 억울하게 야단맞고 있기에 내가 (     )했다.
   - (     )에 따르면 모든 국민은 법 앞에 평등하다.
   - 피부색이 다르다고 따돌리는 것은 (     )이다.

2. 글의 내용과 일치하면 O, 다르면 X 하세요.

   - 우리나라는 국민이 주인인 나라이다. ……………………………… (     )
   - 국민 한 사람에게도 나라를 움직이는 큰 힘이 있다. ……………… (     )

3. 본문을 읽고 빈칸에 알맞은 권리를 적으세요.

   - 어디에 살지, 어디로 여행 갈지 자유롭게 정하는 권리: ☐☐☐
   - 장애가 있는 친구도 같은 반에서 동등하게 공부할 수 있는 권리: ☐☐☐
   - 남자와 여자 모두 똑같이 투표에 참여할 수 있는 권리: ☐☐☐
   - 자신의 생각을 자유롭게 말할 수 있는 권리: ☐☐☐

4. 내가 자유롭게 말할 수 있는 권리와 수업 시간에 방해받지 않고 공부할 수 있는 권리 중 어떤 것이 우선이 되어야 할지 생각해 보고 그 이유를 적어 보세요.

   **우선 되어야 할 권리 :**

   **이유 :**

## 정치 톡톡 국민의 권리

 선생님! 시우가 자꾸 저에게 장난을 쳐요.

 장난을 치는 건 내 자유거든? 자유권 기억 안 나니?

 하하. 시우가 권리에 대해 착각하고 있구나. 자유권은 다른 사람에게 피해를 주지 않을 때만 누릴 수 있어요. 친구를 괴롭히는 건 다른 사람의 권리를 침해하는 거예요.

 그렇군요. 유나야, 장난쳐서 미안해.

 선생님! 그러면 자유권 말고 다른 권리는 무엇이 있어요?

 성별, 나이, 외모, 돈이 많고 적음에 따라 차별받지 않을 권리인 평등권이 있어요. 또 나라의 중요한 일에 참여할 수 있는 참정권도 있지요. 선거에 투표하고 나라의 정책에 대해 의견을 낼 수 있답니다.

 방해받지 않고 공부할 권리는 없나요?

 역시 모범생 유나! 우리가 건강하고, 안전하게, 행복하게 살 수 있도록 보장하는 권리인 사회권도 있어요. 학교에서 공부할 권리는 여기에 속해요. 권리를 누릴 때는 내 권리만 중요한 것이 아니라 다른 사람의 권리도 존중해야 한다는 것! 잊지 마세요.

# "대신 군대 가면, 월급 반 줄래?" 황당 대리 입영

 2024년 7월, 우리나라에서 처음으로 대리 입영 사건이 일어났어요. 대리 입영은 군대에 가야 하는 사람 대신 다른 사람이 **입대**하는 거예요.
 A씨와 B씨는 인터넷에서 알게 된 사이였어요. A씨는 군대에 대신 가 줄 테니 B씨의 군인 월급을 반씩 나누자고 제안했어요. 군대에 가기 싫었던 B씨는 받아들였고요. A씨는 B씨의 신분증으로 3개월 동안 군 생활을 했는데, 군대에 가지 않은 B씨가 **병무청**에 두렵다고 진실을 알리면서 밝혀졌어요.
 우리나라에는 나라를 지켜야 하는 국방의 의무가 있어요. 19세 이상 모든 대한민국 남성은 군대에 가야 할 병역의 의무를 져요. 우리나

#국민의 의무 #황당 대리 입영 #대한민국 군대

라 국민이 지켜야 할 의무에는 <u>국민의 4대 의무</u>가 있는데 국방의 의무 말고도, 납세, 교육, 근로의 의무가 있어요.

납세의 의무는 나라에 세금을 성실하게 내야 한다는 의무예요. 교육의 의무는 누구나 법이 정하는 학교까지는 꼭 다녀야 한다는 것이고요. 근로의 의무는 모든 국민이 일해야 한다는 거예요.

국민의 의무는 누구도 대신할 수 없으며, 이를 어기면 반드시 책임을 져야 해요. 검찰은 A, B씨 모두 재판에 넘겼어요. 병무청은 앞으로 **신분** 확인을 더 철저히 하고, 그러기 위해 **홍채** 인식 같은 기술을 쓸지 고민하고 있어요. 국민의 의무는 국가와 국민 간의 중요한 약속이라는 걸 꼭 기억해요.

### 어휘 풀이

* **국민의 4대 의무** 국민이라면 꼭 해야 하는 일로, 국방의 의무, 납세의 의무, 교육의 의무, 근로의 의무를 국민의 4대 의무라고 함.
* **입대** 군대에 들어가 군인이 됨.
* **병무청** 군대에 갈 사람을 정하고, 잘 다녀왔는지 확인하는 곳.
* **신분** 그 사람이 누구인지 나타내는 정보.
* **홍채** 우리 눈의 검은 눈동자 주위를 둘러싼 부분으로 사람마다 색과 무늬가 다름.

## 내용체크

**1. 빈칸에 들어갈 말을 본문에서 찾아 쓰세요.**

○ 우리나라 ☐☐☐(은)는 군대에 가는 사람의 ☐☐(을)를
○ 보다 정확하게 확인하기 위해 ☐☐ 인식 기술 도입에 대해 고
○ 민하고 있다.

**2. 본문에 나온 '대리 입영'에 대한 설명으로 옳지 않은 것을 고르세요. ……(   )**

① 대리 입영은 이전에도 종종 일어났던 일이다.
② 군대에 안 간 B씨가 스스로 대리 입영 사실을 밝혔다.
③ A씨는 군대에 대신 가면서, 군인 월급의 절반을 받기로 했다.
④ 대리 입영은 군대에 가야 하는 사람 대신 다른 사람이 가는 것이다.

**3. 국민의 의무와 해당 의무를 지키는 사람들의 말을 선으로 연결해 보세요.**

① 국방의 의무 •            • a. 군인으로서 나라를 잘 지키겠습니다.
② 납세의 의무 •            • b. 우리는 학교에서 공부를 열심히 해요.
③ 교육의 의무 •            • c. 열심히 일하는 사람이 아름답습니다.
④ 근로의 의무 •            • d. 세금을 잘 내는 것도 정말 중요해요.

**4. 우리나라는 중학교 3년까지를 법으로 정한 의무 교육 기간으로 정했습니다. 만약 교육의 의무가 없어진다면 어떤 일이 생길까요? 상상해서 자유롭게 적어 보세요.**

## 정치 톡톡 국방의 의무

 선생님, 국방의 의무는 군인들만 지는 거 아니에요?

 그건 병역의 의무예요. 대한민국 성인 남자들이 군대에 가서 일정 기간 나라를 지키는 걸 말하지요. 국방의 의무는 병역의 의무보다 더 넓은 의미예요. 여러 가지 방법으로 나라를 지킬 수 있거든요.

 그럼 저희도 국방의 의무를 다하고 있어요?

 그럼요. 국기에 대한 경례, 애국가 부르기를 하면서 나라를 사랑하는 마음을 기르는 것도 어린이로서 나라를 지키는 방법이 될 수 있어요.

 아, 그렇군요. 그런데 선생님, 군대는 남자만 가나요?

 지금은 남자는 꼭 가야 하고, 여자도 원하면 갈 수 있어요. 요즘에는 인구가 줄어들면서 여자도 군대에 가야 한다는 이야기가 나오기도 해요.

 정말요? 그럼 저도 나중에 군대에 가야 해요?

 그럴 수도 있겠죠. 하지만 아직 확정된 건 아니에요. 중요한 일인 만큼 모두가 함께 고민해서 결정하게 될 거랍니다.

# 살리자, 중증외상전문의 수련센터!

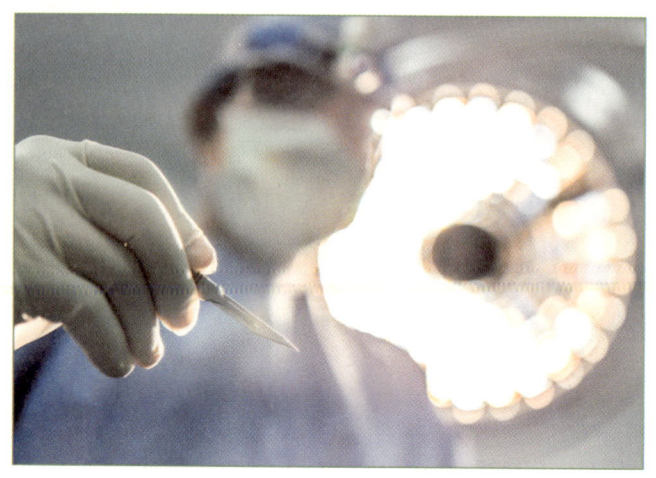

국내에 딱 하나밖에 없는 특별한 의사 학교가 문을 닫을 뻔했어요. 고려대학교 구로병원 **중증외상**전문의 **수련**센터는, 사고로 심하게 다친 사람들을 치료하는 의사를 키우는 곳이에요. 정부 지원금이 끊겨 위기였지만, 서울시가 도와주겠다고 나서 다행히 계속 운영할 수 있게 되었어요.

정부는 시민들의 생활에 얼마나 참여하는지에 따라 <u>큰 정부</u>와 <u>작은 정부</u>로 나눠요. 큰 정부는 시민의 일상에 더 많이 **관여**해요. 학교 급식비를 **지원**하거나, 일자리를 잃은 사람들에게 도움을 주기도 해요. 하지만 정부가 하는 역할이 많아 돈이 더 필요해서, 큰 정부의 국민은 작은 정부의 국민보다 세금을 더 많이 내죠.

#큰 정부 #작은 정부 #중증외상전문의 수련센터

　작은 정부는 나라를 지키는 일처럼 꼭 필요한 일만 해요. 나라에서 쓰는 돈은 적지만, 도움이 필요한 사람을 못 도울 수도 있어요. 병원이나 학교 같은 곳은 도움 없이 운영하면, 서비스의 질이 낮아지기도 해요. 한편 개인이나 기업이 스스로 문제를 해결할 기회를 주기도 하지요.

　우리나라 정부는 중증외상전문의 수련센터 운영을 위해 필요한 돈을 최우선으로 마련하겠다고 밝혔어요. 큰 정부는 '국민 건강을 위해 정부가 계속 지원해야 한다'고 하고, 작은 정부라면 '병원을 운영하는 큰 비용은 스스로 마련해야 한다'고 할 수 있어요. 어느 쪽이 더 좋은지 정답은 없지만, 우리나라 상황에 맞는 정부의 역할을 함께 생각해 보는 게 중요해요.

### 어휘 풀이

* **큰 정부** 정부가 적극적으로 끼어들어 국민의 삶의 질을 높이려는 정부.
* **작은 정부** 정부의 역할을 최소화해 국민의 자유로운 활동을 보장하는 정부.
* **중증외상** 사고 등으로 몸 여러 군데에 한꺼번에 생긴 심각한 부상.
* **수련** 인격, 기술, 학문을 닦아서 훈련함.
* **관여** 어떤 일에 끼어듦.
* **지원** 뒤에서 보살피며 도와줌.

### 내용체크

**1. <보기>를 보고 빈칸에 알맞은 낱말을 채워 보세요.**

○ 고려대학교 구로병원 ☐☐☐☐ 전문의 수련센터는 사고로 크게
○ 다친 사람들을 치료하는 의사를 키우는 곳이다. 하마터면 문을 닫을 뻔했
○ 지만, 서울시의 긴급 ☐☐ (으)로 운영을 이어 나갈 수 있게 되었다.

**2. 단어에 해당하는 설명을 선으로 연결해 보세요.**

① 큰 정부 •　　　　• a. 시민의 생활에 최소한으로 관여하는 정부
② 작은 정부 •　　　　• b. 시민의 일상에 적극적으로 참여하는 정부

**3. 큰 정부의 특징으로 알맞지 않은 것을 고르세요. ……………………… (　　)**

① 정부가 수행하는 역할이 많다.
② 학교에서 먹는 급식 값을 제공하기도 한다.
③ 일자리를 잃은 사람에게 도움을 줄 때도 있다.
④ 시민들이 스스로 문제를 해결할 기회를 많이 준다.

**4. 용돈을 많이 받는 대신 부모님이 어디에 쓸지 정해 주는 것과 용돈을 적게 받고 자유롭게 쓰는 것 중 어느 쪽이 더 좋을까요? 이유도 함께 써 보세요.**

_____

_____

_____

## 정치 톡톡 디지털 정부

'디지털 정부'라는 말을 들어 본 적이 있나요? 디지털 정부는 디지털 기술로 국민에게 더 빠르고 편리한 서비스를 제공하는 정부예요. 예를 들어, 주민 센터에 가지 않고 인터넷으로 주민등록등본 같은 서류를 받을 수 있어요.

아하, 엄마가 휴대 전화로 세금 내는 걸 본 적 있어요. 그것도 디지털 정부의 예인가요?

맞아요. 우리나라는 디지털 정부를 잘 운영하는 나라라서, 다른 나라에서 배우러 오기도 해요.

그런데 선생님, 디지털 정부와 큰 정부랑 작은 정부랑은 어떤 관계가 있어요?

좋은 질문이에요. 큰 정부는 디지털 기술을 활용해서 국민에게 서비스를 제공해요. 예를 들어, 출산 지원금이나 실업 지원금은 인터넷으로 쉽게 신청할 수 있어요.

그럼 작은 정부와 디지털 정부는 안 어울리나요?

그렇지 않아요. 작은 정부는 디지털 기술로 행정 절차와 비용을 줄일 수 있어요. 사람들이 서류를 떼러 주민 센터에 직접 갈 필요가 없으니, 공무원을 적게 뽑아도 되죠. 작은 정부든 큰 정부든 디지털 기술을 잘 활용해서 국민을 도우려는 마음은 같아요.

# 국민참여재판이 이끌어 낸 결과는?

 혈액 한 방울만으로 수백 가지 질병을 저렴한 가격에 진단할 수 있다는 기업이 <u>국민참여재판</u>을 받았어요. 미국 실리콘밸리의 혁신 아이콘으로 불렸던 테라노스 기업의 대표 엘리자베스 홈즈에 대한 이야기예요. 미국 캘리포니아 지방법원에서 <u>배심원</u>과 판사 모두 투자자를 속인 홈즈에게 죄가 있다고 보고 4억 5천만 달러(약 6천억 원)을 배상하라고 판결을 내렸어요.

 1789년에 배심원 제도를 통해 국민참여재판을 시작한 미국과 달리 우리나라에서 국민참여재판은 2008년 1월부터 시행된 제도로 국민이 직접 배심원으로 재판에 참여해요. 법원은 20세 이상 국민 중에서 **무작위**로 배심원을 선정해요. 배심원은 재판을 받게 된 사람이 죄가

#국민참여재판 #배심원 #우리 모두 재판관!

있는지 없는지 **토의**해요. 죄가 있다고 결정된 사람에게는 어느 정도의 벌이 적당할지 이야기를 나눠요.

하지만 배심원이 내린 의견을 판사가 꼭 따를 필요는 없어요. 판사는 배심원의 의견과 다른 판결을 내릴 수 있지요. 다만 배심원과 다른 판결을 한다면 그 이유를 꼭 판결문에 적어야 해요.

국민참여재판은 일반 국민이 재판에 참여함으로써 재판의 과정과 결과를 직접 확인하고 자신의 의견을 반영할 수 있어요. 또 국민이 법과 재판에 대해 배우고 관심을 갖게 해 국민의 법 의식을 높일 수 있어요. 일반 시민이 재판에 참여하며 법과 재판에 대한 신뢰를 높이는 중요한 제도랍니다.

### 어휘 풀이

* **국민참여재판** 법률 전문가가 아닌 국민이 배심원으로 참여하는 재판 제도.
* **배심원** 일반 국민 가운데 뽑혀 재판에 참여하고 범죄의 사실 여부에 대해 판단을 내리는 사람.
* **무작위** 특별한 기준 없이 아무렇게나 정하는 것.
* **토의** 어떤 문제나 주제에 대해 여러 사람이 모여 의견을 나눔.

## 내용체크

**1. <보기>를 보고 빈칸에 알맞은 낱말을 채워 보세요.**

> 보기
> 무작위    배심원    토의

- 주사위를 던져 (　　　　)(으)로 다섯 명을 정했다.
- 오랜 (　　　　) 끝에 결론에 도달했다.
- (　　　　)(은)는 재판에서 중요한 결정을 했다.

**2. 글의 내용과 일치하면 O, 다르면 X 하세요.**

- 국민참여재판은 국민이 배심원이 되어 재판에 참여하는 제도이다. ……… (　　)
- 국민참여재판으로 나온 판결 내용 그대로 판사가 판결해야 한다. ……… (　　)

**3. 다음 문장을 읽고 빈칸에 알맞은 말을 넣어 글을 완성하세요.**

- 국민참여재판은 □□(이)가 직접 배심원으로 재판에 참여하는 제도로, 여러 배심원이 함께 고민해 더 □□한 판단을 내릴 수 있다. 또 국민들이 □□에 대해 갖는 관심과 신뢰를 높일 수 있다.

**4. "체육 시간에 공을 세게 차서 친구가 다쳤어요. 공을 찬 친구, 벌을 받아야 할까요?"라는 판결에 대한 배심원이 되었다고 생각하고 적어 보세요.**

- 이 친구는 벌을 (　　　　　　　　　)
- 왜냐하면

## 정치 톡톡 + 증거 재판주의

선생님, 법원에서 판사가 판결할 때, 그 사람이 죄가 있는지 어떻게 알 수 있나요?

법에서는 '증거 재판주의'라는 원칙이 있어요. 그래서 판사가 죄가 있다고 판단하려면 확실한 증거가 필요하답니다.

그럼 증거 없이 "이 사람이 나쁜 짓 했어요!"라고 하면 그냥 믿어 주지 않겠네요?

맞아요. 법원에서는 누군가 죄를 지었다는 게 확실한 증거로 증명될 때만 죄가 있다고 판결해요.

그러면 증거가 없다면 죄인이 아닌 건가요?

좋은 질문이에요. 우리나라는 무죄 추정의 원칙을 적용해서 증거가 없으면 죄인으로 보지 않아요. 죄가 있다는 증거가 확실하게 나오기 전까지는 죄가 없다고 본답니다.

선생님, 친구 사이에서도 확실한 증거 없이 "너 숙제 안 했지?"라고 하면 안 되겠네요.

그래요. 친구 사이에 숙제 다툼으로 법원으로 갈 일은 없겠지만 억울한 친구가 없는 게 더 좋겠지요.

# 일본 여행하려면 '돈 내세요' 관광세 5배 폭탄

일본이 관광세를 올리려고 해요. 관광세는 여행이나 **관광**을 목적으로 방문한 사람들이 내야 하는 <u>세금</u>이에요. 일본은 2019년부터 1인당 1,000엔(약 9천 700원)을 받았는데, 2025년부터는 이 금액을 3,000~5,000엔(약 2만 9천 원~4만 8천 원)으로 올린다는 거예요.

일본이 관광세를 받는 이유는 관광지를 깨끗하게 관리하고, 관광 시설을 더 좋게 만들기 위해서예요. 관광객이 많이 오면 좋지만, 그만큼 쓰레기도 늘어나고 환경이 **훼손**될 수 있거든요. 다른 유명한 관광지인 인도네시아 발리, 이탈리아 베네치아, 오스트리아 빈에서도 관광세를 받아요.

세금은 나라 살림을 꾸리기 위해 꼭 필요한 돈이에요. 사람들이 걷

#세금 #관광세 #여행 가려면 내야 하는 세금

는 인도, 자동차가 달리는 도로, 다리 등을 만들고 고치는 데 쓰여요. 또, 군인, 경찰, 소방관처럼 국민을 지켜 주는 기관도 세금으로 운영돼요. 세금은 어른들만 내는 게 아니고 여러분도 내고 있어요. 우리나라는 보통 물건을 살 때 '**부가가치세**'라는 세금이 물건 값에 포함되어 있거든요. 과자 한 봉지라도 사봤다면 세금을 낸 거예요.

세금이 너무 많으면 사람들이 살기 힘들고, 너무 적으면 나라를 운영하기가 어려워요. 정치인들은 국민이 낸 세금을 어떤 곳에 얼마나 쓸지 정하는데, 과거에는 불공평한 세금 때문에 프랑스 혁명 같은 큰 사건이 일어나기도 했어요. 그래서 우리는 세금이 **공정**하게 걷히고 꼭 필요한 곳에 쓰이는지, 그리고 정치인들은 어떤 결정을 하는지 관심을 가져야 해요.

### 어휘 풀이

- **세금** 나라가 사람들을 돕고 필요한 일을 하는 데 쓰려고 걷는 돈.
- **관광** 다른 지방이나 나라에 가서 구경함.
- **훼손** 더럽히거나 망가뜨려 못 쓰게 만듦.
- **부가가치세** 물건이나 서비스를 살 때 내는 세금으로, 우리나라는 보통 물건 값에 포함되어 있음.
- **공정** 모두가 똑같이 대우받고, 불공평하지 않게 함.

## 내 용 체 크

**1. <보기>를 보고 빈칸에 알맞은 낱말을 채워 보세요.**

> 보기
> 관광    훼손    공정

- 경상북도 경주는 문화재가 풍부한 ( ) 도시이다.
- 초등학교 선거도 실제 선거처럼 ( )히게 진행되어야 한다.
- 이번 산불로 중요한 문화재가 ( ) 되어 걱정이 많다.

**2. 다음 중 '관광세'에 대한 설명으로 옳지 않은 것을 고르세요. ……… (    )**

① 관광세는 여행이나 관광하러 왔을 때 내는 돈이다.
② 2025년 일본은 관광세를 올리려고 한다.
③ 2025년 현재 관광세는 일본만 걷고 있다.
④ 관광세는 관광지를 깨끗하게 관리하는 데 주로 쓰인다.

**3. 세금과 관련한 내용으로 옳으면 O, 틀리면 X 하세요.**

- 세금이 많으면 많을수록 사람들이 생활하기 더 편해진다. ……… (    )
- 어린이들은 돈을 벌지 않으므로 세금을 내지 않는다. ……… (    )

**4. 세금은 우리가 안전하고 편리하게 생활할 수 있도록 곳곳에서 활약하고 있답니다. 탐정이 되어 우리 동네에서 세금이 활약한 흔적을 찾아보세요.**

(예) 공원 : 가로등이 있어서 저녁에도 놀이터에서 놀 수 있어요.

 ## 역사 속 톡톡한 세금들

 선생님, 예전에는 수염이 있는 사람은 세금을 내야 했다는데 진짜예요?

 하하, 맞아요. 수염세는 18세기 러시아의 표트르 1세가 시행했어요. 수염을 기르는 것이 옛날 방식이라고 생각했거든요.

 사람들이 수염을 자르기 싫어하면 어떡해요?

 그래서 표트르 1세가 내놓은 타협안이 수염세였어요. 수염을 기르는 사람에게 세금을 내게 한 거예요. 처음에는 반발이 심했지만 7년 만에 러시아에서 수염 기른 남자를 보기 힘들어졌대요.

 수염세 말고 또 특이한 세금이 있었나요?

 17세기 말 영국에서 시작한 창문세가 있어요. 집에 있는 창문 수에 따라 세금을 매겼죠.

 사람들이 순순히 세금을 냈나요?

 아니요. 사람들은 창문을 막거나 줄였어요. 그 결과 집이 어두워지고 환기가 안 돼 건강이 나빠졌대요.

 세금의 영향력이 엄청 나네요. 세금은 꼭 내야 하지만, 정당한 이유로 걷으면 좋겠어요.

2장

# 나라 살림을 꾸리는 대통령과 정부

# 억 소리 나는 결혼식 비용, 이제 그만!

 정부가 2025년 안에 결혼식 비용을 투명하게 공개하기로 했어요. 결혼식장 대관료와 '스드메(스튜디오 촬영, 드레스, 메이크업)' 비용이 평균 2,300만 원이나 되는데, 업체마다 가격 차이가 크고 각 항목별 비용을 투명하게 공개하지 않아서 불만이 많아요. 이에 정부는 결혼 비용 가격 표시 제도를 **도입**해서 예상치 못한 추가 비용을 막고, 예비 부부가 겪는 경제적인 문제를 줄이기로 했어요.

 정부의 행정을 맡아보는 <u>행정부</u>는 우리나라를 운영하는 가장 큰 조직이에요. 부모님께서 집안 살림을 꼼꼼히 살피는 것처럼, 행정부는 우리나라 구석구석을 돌봐요. 국민의 이익을 위해 항상 힘쓰지요.

 행정부가 하는 일은 정말 많아요. 국민의 안전을 지키고, 교육을 지

#행정부 #평균 결혼 비용 #옵션 추가는 그만

원해요. 깨끗한 공기와 물을 보호하고, 도로와 지하철을 만들어 편리하게 이동할 수 있게 하고요. 필요한 돈은 국민이 내는 세금에서 **충당**해요.

행정부의 대표는 대통령이지만 혼자서 모든 일을 할 수는 없어요. 그래서 국무총리와 여러 **부처**의 장관들이 있지요. 각 부처는 각자 맡은 일을 충실히 하면서도 서로 협력해서 우리나라를 더 좋게 만들어요.

그런데 열심히 일해도 실수할 때가 있어요. 그런 경우를 대비해 '감사원'이라는 특별한 기관이 행정부가 하는 일을 살펴보고 조사해요. 국민이 낸 세금이 잘 쓰이고 있는지, **공무원**이 일을 잘하고 있는지 확인하지요.

### 어휘 풀이

- **행정부** 나라의 살림을 책임지고 꾸려 가는 곳, 다른 말로는 정부.
- **도입** 처음 시작하거나 들여옴.
- **충당** 부족한 것을 채워서 꼭 필요한 만큼 맞춤.
- **부처** 나라를 운영할 때 필요한 일을 나눠 맡은 부서.
- **공무원** 나라를 위해 일하는 사람들로, 국민의 생활을 더 좋게 만들고 나라가 잘 운영되도록 도움.

## 내용체크

**1.** <보기>에서 밑줄 친 충당과 뜻이 비슷한 말을 찾아보세요.

> 프랑스의 루브르 박물관의 입장료가 2025년 1월 15일부터 17유로(약 2만 7천 원)에서 22유로(약 3만 5천 원)로 변경된다. 박물관 측은 오래된 루브르 박물관을 고치는 비용을 **충당**하려면 입장료를 올려야 한다고 설명했다. 또 루브르 박물관은 많은 사람이 한꺼번에 몰리지 않도록 하루에 입장할 수 있는 사람 수를 정해 놓았다. 루브르 박물관의 입장료 수입은 줄었고 이는 입장료를 올리는 원인이 되었다.

| 보기 | 보충 | 절약 | 저장 |

**2.** 빈칸에 들어갈 말을 본문에서 찾아 쓰세요.

> 행정부는 우리나라를 운영하는 가장 큰 조직이다. 행정부의 대표는 (①            )이며, 국무총리와 여러 부처의 장관들이 함께 일한다. 행정부가 하는 일에는 국민의 (②            )(을)를 지키고, 교육을 지원하며, 깨끗한 공기와 물 보호 등이 있다. 행정부가 하는 일을 살펴보고 조사하는 특별 기관은 (③            )이다.

**3.** 만약 여러분이 행정부에서 일하는 사람이 된다면, 우리나라를 위해 어떤 일을 하고 싶나요? 그 이유는 무엇인가요?

하고 싶은 일:

이유:

## 정치 톡톡  나라의 관리를 뽑는 방법

 여러분, 옛날 그리스의 아테네에서는 나리를 위해 일할 사람을 제비뽑기로 정했다는 사실을 알고 있나요?

 제비뽑기요? 그건 그냥 운으로 정하겠다는 거 아니에요?

 맞아요. 아테네 사람들은 시민이라면 누구나 나라를 위해 일할 수 있는 능력이 있다고 믿었거든요. 시민들의 이름표를 '클레로테리온'이라는 추첨 장치에 넣고, 뽑힌 사람이 나라를 위해 일하게 되었대요.

 와, 정말요? 그럼 지금 우리나라는 어떻게 뽑아요?

 현재 우리나라에서는 주로 시험을 통해 공무원을 뽑는데, 시험은 보통 1년에 한 번 있어요. 하지만 시험 말고도 다른 방법으로도 나라를 위해 일할 수 있어요.

 시험 말고요? 어떤 방법으로요?

 의사나 과학자처럼 특별한 지식이나 자격이 있는 사람은 면접만 보고도 나라를 위해 일할 수 있어요. 가장 중요한 건 나라를 위해 일하고 싶은 마음이에요.

 저는 시험만 아니라면 뭐든 다 할 수 있을 것 같아요!

# 설 연휴가 6일로 늘어나는 마법

 2025년 설 **연휴**는 6일이나 되었어요. 주말이 끼고 월요일이 임시 공휴일로 정해지면서 휴일이 길어졌지요.
 임시 공휴일은 정부에서 특별히 쉬기로 정한 날이에요. 국군의 날처럼 특별한 날을 **기념**하거나, 사람들이 쉬면서 여행을 떠나거나 즐겁게 지내게 하려고 만들어요. 가족과 함께 시간도 보내고, 여행도 다녀오면서 행복한 설을 보내길 바라는 마음으로 정했어요.
 **국무회의**는 나라의 중요한 정책을 **논의**하고 결정하는 정부의 최고 회의예요. 새로운 법이나 예산을 정할 때 중요한 역할을 하죠. 회의는 더 많은 사람이 찬성한 대로 결정되며, 구성원의 절반 이상이 **참석**해야 열릴 수 있어요. 국무회의에서 결정된 내용은 우리 생활에도 큰 영

#국무회의 #대한민국 최고 회의 #임시 공휴일

향을 미쳐요. 임시 공휴일도 국무회의가 정해요.

국무회의는 대통령이 회의를 이끌고, 국무총리가 대통령을 도와요. 15~30명의 국무위원이 함께 참여하는데, 교육, 환경 등 다양한 분야에 대해 의견을 내요. 보통 매주 화요일에 정해진 장소에서 회의하지만, 필요하면 다른 곳에서도 할 수 있어요.

임시 공휴일이 정해지면 행정부는 국민이 불편하지 않도록 여러 가지를 준비해요. 인사혁신처는 임시 공휴일을 공식적으로 발표하고, 관련 부서에 준비하라고 이야기해요. 교육부는 쉬는 날에도 '휴일 어린이집'을 운영해요. 각 관공서는 어떻게 운영할지 미리 정해서 안내하지요.

### 어휘 풀이

- **국무회의** 나라의 중요 정책을 결정하는 정부의 최고 회의.
- **국무위원** 대통령이 나라를 잘 이끌도록 돕는 중요한 일을 하는 사람들로, 국무총리가 추천하면 대통령이 뽑음.
- **연휴** 휴일이 2일 넘게 계속됨.
- **기념** 뜻깊은 일이나 훌륭한 사람을 기억하고 마음에 둠.
- **논의** 어떤 문제에 대해 의견을 나눔.
- **참석** 모임이나 회의에 참여함.

**내용체크**

1. <보기>를 보고 빈칸에 알맞은 낱말을 채워 보세요.

보기
연휴    논의    참석

- 우리 가족은 가족회의에서 휴가 계획을 ( ) 했다.
- 올해 일주일이나 되는 추석 ( ) 기간에 무엇을 하며 보낼지 이야기했다.
- 나는 가족 모임에 ( ) 할 생각에 벌써 설렌다.

2. 2025년 설 연휴는 총 며칠 동안 이어졌나요? ·············· ( )
① 4일        ② 5일
③ 6일        ④ 7일

3. 국무회의에 대한 설명으로 적절하지 않은 것을 고르세요. ·············· ( )
① 국무회의는 국무총리가 이끈다.
② 국무회의는 더 많은 사람이 찬성한 대로 정한다.
③ 국무회의는 15~30명의 국무위원도 함께 참여한다.
④ 국무회의에서는 나라의 중요한 일을 의논하고 결정한다.

4. 가장 최근에 지정된 임시 공휴일은 언제인가요? 여러분은 그때 무엇을 하며 보냈나요?

날짜:

한 일:

## 정치 톡톡 공청회

선생님, 어디 다녀오시는 길이세요?

관심 있는 교육 정책에 대한 공청회가 열려서 교육청에 다녀오는 길이에요.

공청회가 뭐예요? 지희가 배운 국무회의하고는 달라요?

공청회는 정책을 결정하기 전에 사람들의 의견을 모으는 회의예요. 해당 정책과 관련 있는 사람들, 전문가들이 모여 공개적으로 토론을 해요. 한편, 국무회의는 국무위원들의 의견을 종합해서 정책을 결정하는 최종 단계예요.

아하, 공청회는 정책의 시작이고, 국무회의는 정책의 끝이라고 할 수 있겠네요.

맞아요. 공청회는 국민이 정부에 의견을 낼 수 있는 중요한 자리예요. 다양한 의견들도 들을 수 있고요.

그런데 공청회에 참여하기 어려운 사람들은 어떻게 의견을 낼 수 있어요?

온라인으로도 공청회를 열어요. 온라인 공청회를 통해 의견을 내거나, 우편 또는 이메일로 보내기도 하지요.

# 비행기 옆자리에 대통령이?

여행을 가는 비행기 안, 옆자리에 대통령이 앉아 있다면 어떤 기분일까요? 2024년 11월, 멕시코의 클라우디아 셰인바움 대통령이 브라질에서 열리는 회의에 참석하기 위해 일반 항공기를 타서 화제가 되었어요.

대통령은 나라에서 가장 중요한 사람이기 때문에 특별한 혜택을 받아요. 대통령과 가족의 안전을 특별 보호받고, **전용** 집과 차, 비행기를 쓸 수 있어요. 또 **임기** 동안 나라를 크게 해치는 특별한 경우가 아니면 법적인 처벌을 받지 않지요. 하지만 셰인바움 대통령은 이런 특별한 혜택을 누리지 않고 멕시코의 빚을 줄이기 위해 대통령 전용기 대신 일반 항공기를 선택했어요.

#대통령 #대통령의 권한과 의무

　대통령은 나라를 대표하는 국가 **원수**로서 여러 가지 권한이 있어요. 우리나라 대통령은 중요한 공무원을 **임명**할 수 있고, 다른 나라의 원수를 만나 나라와 나라 사이의 약속인 조약을 맺을 수 있어요. 군대를 이끄는 지도자인 대통령은 국민과 영토를 지키기 위해 전쟁을 할지 말지도 정해요.

　누리는 권한이 큰 만큼 대통령은 책임과 의무를 져야 해요. 헌법을 존중하며 국민을 위한 정책을 펼쳐야 하고, 나라가 어려운 상황일 때는 국민의 안전을 최우선으로 해요. 셰인바움 대통령처럼 나라 상황을 생각해 특권을 줄일 때도 있고요. 대통령은 국민을 위해 중요한 결정을 내리고, 나라를 위해 일하는 사람이니까요.

### 어휘 풀이

* **대통령** 국가를 대표하는 국가의 우두머리.
* **전용** 남과 같이 쓰지 않고 혼자서만 씀.
* **임기** 일을 맡는 정해진 기간.
* **원수** 한 나라에서 으뜸가는 힘이 있으면서 나라를 다스리는 사람으로 대통령이나 왕을 말함.
* **임명** 어떤 사람에게 자리나 일을 맡김.

## 내용체크

**1. 밑줄 친 '원수'와 같은 의미로 사용된 문장을 고르세요.** ·············· ( )

> 대통령은 나라를 대표하는 국가 **원수**로서 여러 권한이 있다.

① 두 집안은 대대로 **원수** 사이이다.
② 걔들은 만나기만 하면 **원수**처럼 싸운다.
③ 오늘의 **원수**가 내일은 친구가 될 수도 있다.
④ 경찰들이 외국의 국가 **원수**를 보호하고 있다.

**2. 글의 내용과 일치하면 O, 다르면 X 하세요.**
- 대통령은 임기 동안 어떤 경우에도 법적 처벌을 받지 않는다. ············ ( )
- 대통령은 국민의 안전을 지키고 헌법을 존중해야 할 의무가 있다. ········ ( )

**3. 대통령의 역할로 가장 적절한 것은 무엇인가요?** ················· ( )
① 텔레비전에 자주 나오는 것
② 항상 비행기를 타고 여행 다니는 것
③ 다른 사람 말을 듣지 않고 자기 의견만 내세우는 것
④ 국민을 위해 중요한 결정을 내리고 나라를 위해 일하는 것

**4. 글에 대한 친구들의 생각을 읽고, 나의 의견과 그 이유를 적어 보세요.**

> 선율: 나라의 빚을 줄이려고 일반 항공기를 탄 대통령의 결정이 훌륭해.
> 하연: 일반 항공기를 타면 대통령이 안전하지 않을 것 같아서 불안해.

나는 ( 선율 / 하연 )(이)의 의견에 동의한다. 왜냐하면

_____

_____ (하)기 때문이다.

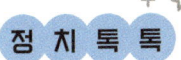 **레임덕, 데드덕, 마이티덕**

 선생님, 대통령한테 레임덕이 왔다는 기사를 봤어요. 레임덕이 뭐예요?

 레임덕은 임기 말에 대통령의 힘이 약해지는 현상이에요. 레임덕은 '절뚝거리는 오리'라는 뜻인데, 힘이 약해진 대통령이 절뚝거리는 오리처럼 보인다고 해서 그렇게 부르는 거예요.

 오리와 대통령하고 연결 짓다니 신기해요.

 재미있는 표현이죠? 원래는 빚을 갚지 못한 증권 회사 직원을 가리키는 말이었는데, 나중에 힘이 약해진 대통령을 비유하는 말로 쓰이게 됐어요. 또 '데드덕'이라는 말도 있는데 '죽은 오리'라는 뜻으로, 레임덕보다 더 심한 상태를 말해요. 대통령이 거의 아무것도 할 수 없게 된 상황이에요.

 대통령은 임기 말에 항상 힘이 없어지나요?

 꼭 그렇지만은 않아요. 드물기는 하지만 '마이티덕'이라고 해서 임기 말에도 지지율이 떨어지지 않고 여전히 영향력이 강력한 대통령을 가리키는 말도 있거든요.

 그럼 마이티덕은 '강력한 오리'라는 뜻이겠네요.

# 대통령 권한대행이 또 바뀌었어요!

왼쪽부터 한덕수, 최상목, 이주호 권한대행

2024년 12월, 우리나라에서 특별한 일이 일어났어요. 12월 14일, 윤석열 대통령이 **직무**를 수행할 수 없게 되면서 한덕수 국무총리가 대통령 <u>권한대행</u>을 맡았어요. 그런데 12월 27일, 한덕수 총리도 직무가 정지되었고, 최상목 기획재정부 장관이 새로운 대통령 권한대행이 되었어요. 이후 2025년 3월 24일, 헌법재판소에서 직무 정지된 한덕수 국무총리에 대한 탄핵 심판을 **기각**하면서 한덕수 권한대행이 직무에 복귀했지요. 그러나 얼마 지나지 않아, 한덕수 대통령 권한대행 국무총리와 최상목 경제부총리 겸 기획재정부 장관이 모두 사퇴했어요. 결국 2025년 5월 2일, 이주호 사회부총리 겸 교육부 장관이 '대통령 권한대행의 대행의 대행'을 맡게 되었어요.

#권한대행 #대통령 대신 국무총리 #국무총리 대신은?

권한대행은 어떤 사람이 맡은 일을 잠시 다른 사람이 대신 하는 거예요. 예를 들어, 학급 회장이 아파서 학교에 못 오면 부회장이 회장의 일을 대신해요. 또는 축구팀 주장이 다쳐서 경기에 못 나가면 부주장이 주장 **완장**을 차고 주장 역할을 해요.

권한대행은 중요한 사람이 갑자기 일을 못 하게 될 때 필요해요. 우리나라에서는 대통령이 일할 수 없으면 국무총리가 대신해요. 국무총리도 일하기 어려우면 기획재정부 장관이 대신하고요. 미리 순서를 정해 두면 갑자기 문제가 생겨도 나라나 **조직**의 혼란을 막을 수 있어요.

하지만 권한대행은 국민이 직접 뽑은 사람이 아니에요. 대통령의 직무 정지 동안 대통령 권한대행이 그 역할을 하는데, 이번처럼 권한대행이 또 다른 권한대행으로 바뀌고 다시 예전의 권한대행으로 바뀐 건 우리나라 역사상 처음 있는 일이에요. 이런 상황일수록 나랏일에 더욱 관심을 기울여야 해요.

### 어휘 풀이

- **권한대행** 어떤 사람이 맡은 일을 잠시 다른 사람이 대신 하는 것.
- **직무** 개인이 맡은 일의 내용과 책임.
- **기각** 법원에 판결 요구된 소송이 실체적 이유가 없다고 판단돼 종료되는 것.
- **완장** 신분이나 지위를 나타내기 위해 팔에 두르는 휘장.
- **조직** 공동의 목표를 달성하기 위해 여러 사람이 모인 집단.

## 내용체크

**1. 빈칸에 들어갈 말을 본문에서 찾아 쓰세요.**

보기
직무    완장    조직

- 학급 회장의 ☐(은)는 친구들과 선생님을 돕는 것이다.
- 안내원들이 노란 ☐(을)를 차고 호루라기를 불고 있다.
- 학생들이 스스로 독서 동아리를 ☐했다.

**2. 이 글을 읽고 답을 할 수 없는 질문을 한 사람을 고르세요. ……………… (   )**

① 대영: 대통령만 권한대행이 있을까?
② 민서: 다른 나라에서는 대통령이 일할 수 없으면 어떻게 할까?
③ 소율: 우리나라 대통령 권한대행은 역할은 언제까지 대통령을 대신할 수 있을까?
④ 지우: 우리나라에서 권한대행은 처음 있는 일일까?

**3. 빈칸을 채워, 본문의 내용을 한 문장으로 요약하세요.**

☐☐☐☐(은)는 어떤 사람이 맡은 일을 다른 사람이 잠시 ☐☐하는 것으로, 조직이나 나라가 문제없이 계속 운영되게 하는 중요한 역할을 한다.

**4. 내가 학급 회장인데 며칠 동안 학교에 못 간다면, 누구에게 그 역할을 맡기고 싶나요? 그 이유는 무엇인가요?**

이름:

이유:

 **우리나라 최초의 대통령 권한대행**

오늘은 우리나라 최초의 대통령 권한대행에 관해 이야기해 볼까요? 권한대행을 세우는 일이 한 번 일어나면 나라에 큰 영향을 끼쳐요. 우리나라 최초의 대통령 권한대행은 1960년에 있었어요.

1960년이요? 와, 저희 아빠가 태어나기도 훨씬 전이에요. 그때 무슨 일이 있었어요?

당시에 이승만 대통령이 물러나면서 누군가가 대통령 일을 대신해야 했어요. 당시 외무부 장관이었던 허정이라는 분이 권한대행을 맡았어요. 외무부 장관은 지금의 외교부 장관에 해당하는 중요한 자리였죠.

어머, 갑자기 대통령 일을 맡게 되어서 많이 놀라셨겠어요.

그랬겠죠? 허정 씨는 약 3개월 동안 대통령 권한대행으로 열심히 일했어요. 나라를 안정시키고, 새로운 대통령을 뽑을 준비를 했답니다. 덕분에 나중에 윤보선 대통령이 새로 뽑힐 수 있었어요.

권한대행 제도가 있어서 정말 다행인데, 자주 일어난다면 너무 혼란스러울 것 같아요.

아무래도 그런 일이 안 생기는 게 더 좋긴 하겠지요.

# 파출소로 배달된 초등학생의 따뜻한 마음

2024년 11월, 울산의 한 파출소에 특별한 선물이 도착했어요. 초등학교 1학년 어린이가 감사의 마음으로 따끈따끈한 치킨을 놓고 갔거든요. 이 어린이는 1년 전 파출소에서 경찰에게 상담을 받고 나쁜 버릇을 고칠 수 있었어요. 고마운 마음을 표현하고 싶어서 1년 동안 용돈을 차곡차곡 모았다고 해요.

경찰은 우리 곁의 든든한 보호자예요. 학교 주변이나 거리에서 제복을 입은 경찰들을 본 적 있나요? 경찰은 범죄를 예방 및 **수사**하며, 범인을 잡아요. 교통을 **단속**하고 국민을 보호하죠. 위험할 때 112에 전화하면 빠르게 출동해서 도와준답니다.

경찰과 함께 일하는 검사도 있지만 하는 일이 조금 달라요. 검찰에

#경찰 #검사 #우리 사회의 영웅들

서 일하는 검사들은 중요한 범죄를 조사하고, 범인들을 **재판**에 넘겨서, 마땅한 벌을 받도록 노력해요.

경찰은 주로 현장에서 일하고, 범죄 **예방** 및 수사 초기 단계를 맡아요. 반면, 검사는 사무실에서 일하고, 수사 최종 단계를 책임지지요. 경찰이 먼저 범인을 잡으면, 검사가 다음 단계를 진행해 범인을 재판에 넘기고, 재판에서 처벌을 요청합니다.

경찰과 검사는 서로 협력하면서 우리 사회를 지켜요. 우리도 법을 잘 지키고 어려운 이웃을 돕는 건 어떨까요? 모두 힘을 합치면 더 안전하고 행복한 세상을 만들 수 있을 거예요.

### 어휘 풀이

- **경찰** 국민의 생명과 신체 및 재산을 보호하고, 범죄를 예방하고 수사하며 범인을 잡는 사람.
- **검사** 각종 범죄를 수사해 재판을 집행하고, 잘못을 저지른 사람을 벌 받게 하는 사람.
- **수사** 범죄와 관련된 정보를 모으고 증거를 찾는 활동.
- **단속** 규칙을 잘 지키고 있는지 확인하고, 어기는 사람을 찾아내는 일.
- **재판** 누군가 잘못을 했는지, 안 했는지를 공정하게 결정하는 과정.
- **예방** 나쁜 일이 일어나기 전에 미리 막음.

## 내용체크

**1. <보기>를 보고 빈칸에 알맞은 낱말을 채워 보세요.**

> 보기
> 수사    단속    재판

- 경찰은 술을 마시고 운전하는 사람을 (　　　)한다.
- 일상을 기록하는 사진 및 동영상은 범죄 (　　　)에도 활용된다.
- 60대 남성 A씨는 마늘을 훔친 죄로 (　　　)에서 벌금을 내라는 판결을 받았다.

**2. 경찰과 검사가 하는 일을 비교한 표입니다. 빈칸에 알맞은 말을 채워 보세요.**

|  | 경찰 | 검사 |
|---|---|---|
| 주로 하는 일 | 범죄 (①　　) 및 수사 | 중요 범죄 조사 및 처벌 요청 |
| 업무 장소 | 현장 | (②　　) |
| 수사 단계 | 수사 초기 단계 | 수사 (③　　) 단계 |

**3. 빈칸에 들어갈 말을 본문에서 찾아 문장을 완성해 보세요.**

- 경찰이 먼저 범인을 (①　　　), 검사가 수사해 범인을 재판에 넘기고, 재판에서 (②　　　)을 받게 한다.

**4. 경찰과 검사의 역할 중 더 중요하다고 생각하는 일은 무엇인가요? 그 이유는 무엇인가요?**

더 중요하다고 생각하는 일:

이유:

---

1. 단속, 수사, 재판 / 2. ① 예방 ② 사무실 ③ 최종 / 3. ① 잡으면 ② 처벌

 **고위 공직자 범죄 수사처**

 선생님, 만약에 경찰이나 검찰이 잘못하면 누가 조사해요?

 유나가 좋은 질문을 했어요. 유나처럼 1996년 한 시민 단체도 높은 자리의 공직자들을 조사하는 특별 기관을 만들자고 제안했어요. 그 결과, 2020년에 '고위 공직자 범죄 수사처'가 만들어졌답니다.

 1996년에 얘기가 처음 나왔는데 2020년에 만들어졌다니. 24년이나 걸렸네요!

 정말 오랜 시간이 걸렸죠. 그동안 정부와 국회에서 공수처를 설립하려고 노력했지만 반대하는 사람도 많았거든요.

 뉴스에서 공수처라는 말을 들었는데, '고위 공직자 범죄 수사처'의 줄임말이었나 봐요.

 맞아요. 대통령이나 국회의원처럼 권력과 영향력이 큰 사람들의 잘못을 조사하는 특별한 기관이에요.

 공수처에서 일하는 사람들은 협박이나 불이익을 당할 수 있으니 큰 용기가 있어야겠어요.

 공수처가 잘 돌아갈 수 있도록 시스템을 잘 구축하고 수사 기관끼리 서로 견제해서 권력을 독차지하지 않게 하는 것도 중요해요.

# 유튜브 시대, 충주맨이 쏘아 올린 공

 충주시 유튜브 채널 '충TV' 구독자가 80만 명을 넘었어요. 전국에서 가장 인기 있는 **지방자치단체** 유튜브 채널이에요. 충주맨 김선태 주무관이 이끄는 '충TV'는 누구나 쉽게 보고 웃을 수 있는 영상으로 충주시청의 소식을 재미있게 **홍보**해요.

 충주시청처럼 지역의 살림살이를 스스로 꾸려 나가는 곳을 지방자치단체라고 해요. 지방자치단체에는 시·군·구청과 지역 정부와 시·군·구의회와 같은 지역 의회가 있어요. **지방자치**는 지역 주민들과 대표들이 지역의 일을 스스로 결정하고 처리하는 것을 말해요. 우리 동네를 더 살기 좋은 곳으로 만들기 위해 지역 축제나 행사를 열고, 도로, 공원, 도서관 같은 시설도 관리하죠.

#지방자치단체 #지방자치 #충TV #충주맨

충TV의 성공에 **영감**을 받아 다른 지방자치단체들도 자신들의 지역을 재미있게 알리기 위해 노력 중이에요. 경상북도의 '보이소TV' 구독자는 38만 명이 넘었고, 양산시의 짧은 동영상은 200만이 넘는 조회 수를 기록하기도 했어요.

지방자치단체가 하는 일을 주민들에게 알리는 일은 정말 중요해요. 주민들이 **정책**과 서비스를 잘 알게 되면 더 적극적으로 참여할 수 있고, 다른 지역 사람들에게도 그 지역의 매력을 알릴 수 있어요. 유튜브나 SNS 같은 새로운 홍보 방법은 지방자치단체의 정보를 효과적으로 전달하는 좋은 도구예요.

### 어휘 풀이

* **지방자치단체** 일정한 지역에 대해 국가로부터 스스로 다스릴 수 있는 권리를 받아 행하는 기관.
* **지방자치** 일정 지역의 주민들과 대표들이 자신이 속한 지역의 일을 스스로 결정하는 것.
* **홍보** 널리 알림.
* **영감** 번뜩 떠오르는 기발한 생각이나 아이디어.
* **정책** 나라나 지역에서 문제를 해결하려고 약속한 일.

1. <보기>를 보고 빈칸에 알맞은 낱말을 채워 보세요.

○○○○○○ (은)는 지역의 살림살이를 스스로 꾸려 나가는 곳으로, 지역 주민들과 대표들은 지역의 일을 스스로 정한다. 요즘은 유튜브와 SNS 등을 활용해 재미있는 방식으로 지역을 ○○ 하기 위해 노력하고 있다.

2. '충TV'는 어느 도시의 공식 유튜브 채널인가요? ( )
① 포천시  ② 충주시
③ 아산시  ④ 청주시

3. 지방자치단체가 하는 일이 <u>아닌</u> 것은 무엇일까요? ( )
① 지역 축제 열기
② 공원 관리하기
③ 도서관 운영하기
④ 우주 탐사 계획하기

4. '대한민국 구석구석'은 한국관광공사에서 운영하는 전국 축제 지도 사이트입니다. 대한민국 구석구석에 들어가 올해 우리 지역에서 열렸거나 앞으로 열릴 축제 중 가고 싶은 축제의 이름과 내용을 찾아 적어 보세요.

**지역 축제 이름 :**

**내용 :**

## 정치 톡톡 주민 참여 제도

지역 주민이 지역의 일에 직접 참여하는 방법에는 주민투표제와 주민소환제가 있어요. 먼저 '주민투표제'는 지역의 중요한 일을 결정할 때 주민들이 직접 투표해서 결정하는 제도예요.

그럼 저희도 투표할 수 있어요?

아쉽게도 초등학생은 투표권이 없어요. 만 18세 이상이 되면 할 수 있어요.

그렇군요. 그러면 '주민소환제'는 뭐예요?

주민소환제는 시장이나 구청장처럼 주민들이 뽑은 사람이 큰 잘못을 했을 때, 주민들이 투표해서 그 사람이 그만두게 할 수 있는 제도예요.

마음에 안 들면 언제든지 그만두게 할 수 있어요?

그렇지는 않아요. 정말 큰 잘못을 했을 때만 가능하고, 많은 주민이 그에 동의해야 해요.

직접 참여할 수 있어서 좋은데, 과정이 복잡해요.

약간 복잡해 보일 수 있지만, 이런 제도들은 주민들의 의견을 존중해요. 또 주민들이 뽑은 공무원들이 더 책임감 있게 일할 수 있게 하고요.

3장

# 국민을 대표하는 의회

# 디지털 교과서 도입, 찬성 vs 반대

무거운 책가방 대신 가벼운 태블릿PC 하나로 모든 공부를 할 수 있다면 어떨까요? 교육부에서는 2025년부터 초등학교 3, 4학년 학생들이 태블릿PC로 영어, 수학 디지털 교과서를 사용할 예정이었어요. 그런데 이번 국회에서 통과된 **법안**에 따르면 태블릿 PC가 디지털 '교과서'가 아니라 교과서를 보조하는 '교육 자료'로 바뀌며 학교에서 디지털 교과서를 **의무**로 사용할 필요가 없어졌지요.

디지털 교과서는 디지털 시대에 맞는 교육 환경을 만들어야 한다는 취지로 만들어졌어요. 학생들의 디지털 역량을 키우는 데 도움을 줄 수 있고 지역별, 학교별 **교육 격차**를 해소하는 장점이 있어요. <u>국회</u>는 이런 장점을 고려해 법안을 만들고 고치는 역할을 해요. 이를 <u>입법기관</u>이

#국회 #입법 #디지털 교과서

라고도 불러요. 또한 정부의 국정 운영을 감시하고 예산 계획을 허가하는 일도 한답니다.

하지만 디지털 교과서에 대한 **우려**의 목소리도 있어요. 학생들이 디지털 기기에 심하게 의존하게 되는 문제가 생길 수 있고, 문해력이 나빠질 수 있다는 걱정도 있지요.

이 법안으로 인해 2025년부터는 학교마다 디지털 교과서 사용 여부를 자유롭게 선택할 수 있게 되었어요. 어떤 학교는 종이 교과서를, 어떤 학교는 태블릿PC를 사용하는 모습을 볼 수 있게 될 거예요. 새로운 법이 생기면 우리 생활에 많은 변화가 일어난답니다.

### 어휘 풀이

- **국회** 국민이 뽑은 대표로 구성되며 법을 만드는 기관.
- **입법기관** 새로운 법을 만들거나 고치는 일을 하는 국가 기관.
- **법안** 법률로 정하려고 국회에 제출한 안.
- **의무** 반드시 해야 하는 일이나 책임.
- **교육 격차** 지역이나 경제적 여건 등에 따라 학생들이 받는 교육의 질이나 기회가 다른 현상.
- **우려** 걱정되거나 염려되는 마음.

### 내용체크

**1. <보기>를 보고 빈칸에 알맞은 낱말을 채워 보세요.**

> 보기
> 교육 격차          입법기관

- 국회는 새로운 법을 만들고, 기존의 법을 고치거나 없앨 수 있는 ( ㅤㅤㅤ )(이)다.
- 우리나라는 전반적으로 높은 교육 수준을 유지하고 있지만 지역 간 ( ㅤㅤㅤ )(은)는 여전히 큰 문제로 남아 있다.

**2. 글의 내용과 일치하면 O, 다르면 X 하세요.**

- 모든 초등학교에서 디지털 교과서 사용을 의무화했다. ············· ( ㅤ )
- 디지털 교과서를 교육 자료로 규정했다. ························· ( ㅤ )

**3. 국회의 역할이 아닌 것은 무엇인가요? ···················· ( ㅤ )**

① 법률 개정　　　　　　　② 정부 감시
③ 예산 허가　　　　　　　④ 장관 임명

**4. 여러분은 디지털 교과서와 종이 교과서 중 어떤 것으로 공부하고 싶나요? 이유도 함께 써 보세요.**

..................................................................................................

..................................................................................................

..................................................................................................

## 정치 톡톡 — 국회의사당

 선생님, 국회의사당의 거대한 지붕 안에는 뭐가 있을까요? 로봇이라도 숨겨져 있는 거 아녜요?

 건물 안에서 돔 지붕을 올려다보면 사실 속이 텅 비어 있어요. 그런데도 무게는 1천 톤이나 된대요. 둥근 '돔' 모양은 국민의 의견들이 찬반 토론을 거쳐 원만한 결론으로 모인다는 뜻이에요.

 그럼 국회의사당의 초록색 지붕 색깔에도 의미가 있나요?

 아, 그건 원래 지붕을 동판으로 만들어서 붉은색이었는데, 시간이 지나 점점 녹슬면서 지금처럼 초록색이 된 거예요.

 국회 건물 안에 있는 본회의장을 사진으로만 봤는데도 정말 웅장하더라고요.

 맞아요! 그리고 국회의장석 위에 '국회'라고 써 있는 휘장은 무게가 1.5톤이나 된다고 해요.

 1.5톤이나요? 별로 안 커 보이는데 정말 엄청나네요.

 다음에는 같이 국회의사당에 가 볼까요? 국회 누리집에서 체험 프로그램을 예약하면 돼요. 국회에 대한 설명도 듣고 본회의 투표 체험도 할 수 있어요.

# 국회의원들의 찬란하게 빛나는 금배지

ⓒ 국회사무처 홈페이지

 국회의원들이 가슴에 다는 금배지의 의미를 알고 있나요? 금배지는 단순한 장식이 아니라 국민을 대표하는 상징이에요. 국회의원은 국민을 대신해 법을 만들고 정부를 감시하는 중요한 역할을 해요.

 현재 국회의원 총 300명 중 253명은 **지역구** 의원이고, 47명은 정당 득표율에 따라 결정되는 **비례대표** 의원이에요. 지역구 의원은 253개 각 지역에서 지역 주민들이 자신의 지역을 대표해 뽑습니다. 반면 비례대표 의원은 지역 주민들이 직접 뽑지 않아요. 국민들이 지지하는 정당에 직접 투표하면, 정당의 득표 수에 따라 47명을 뽑는 거지요. 선거 전 각 정당은 비례대표 의원이 될 후보들의 순서를 정하고, 선거가 끝난 뒤 정해진 순서대로 비례대표 의원을 세워요.

#국회의원 #국회의원 특권 #비례대표

　국회의원은 4년마다 <u>총선거</u>를 통해 뽑혀요. 만 18세 이상이면 누구나 국회의원 선거에 나갈 수 있어요. 국회의원이 되면 매달 급여를 받고, 의정 활동비와 여비 등도 지원받아요.

　국회의원에게는 특별한 권리도 주어져요. **현행범**이 아닌 한 국회가 열리는 기간(정기회는 100일, 임시회는 30일) 중에는 체포되지 않는 '불체포특권'과 국회에서 한 발언이나 표결에 대해 국회 밖에서 책임을 지지 않는 '면책특권'도 있어요. 이런 특권은 외부의 부당한 간섭을 받지 않고 국회의원이 국민을 위해 자유롭게 정치 활동할 수 있도록 하기 위한 거예요. 혜택과 특권을 얻은 만큼 국회의원은 국민을 위해 열심히 일해야겠지요.

### 어휘 풀이

- **국회의원** 국민의 대표로 뽑혀 국회에서 활동하는 사람.
- **총선거** 국회의원 전부를 한꺼번에 뽑는 선거.
- **지역구** 일정한 지역을 한 단위로 해 정해진 선거 구역.
- **비례대표** 정당 득표율에 따라 뽑는 국회의원.
- **현행범** 범죄를 실행하는 중이거나 실행한 직후에 잡힌 범인.

## 내 용 체 크

**1.** <보기>를 보고 빈칸에 알맞은 낱말을 채워 보세요.

> 보기
> 국회의원     비례대표

- ( ) (은)는 국회에서 일을 하며, 자유로운 정치 활동을 위해 여러 특권을 가지고 있다.
- 그는 사랑정당 대표로부터 ( ) (을)를 권유받았지만 직접 지역구에 출마하기로 마음먹었다.

**2.** 다음 빈칸에 알맞은 말을 순서대로 써 보세요.

> ○
> ○  현재 국회의원은 총 (㉠     )명이고 그중 (㉡     ) 의원
> ○  은 253명입니다. 비례대표 의원은 지지하는 정당의 (㉢     )에
> ○  의해 뽑혀요.
> ○

**3.** 국회의원에 대한 설명으로 옳지 않은 것을 고르세요. ……………… ( )

① 무료로 대중교통을 이용할 수 있다.
② 현행범이 아닌 이상 체포되지 않는다.
③ 국회에서 정치 활동을 하며 법을 만든다.
④ 국회에서 자유롭게 발언하고 국회 밖에서는 책임지지 않는다.

**4.** 만약 국회의원이 된다면 우리 동네를 발전시키기 위해 어떤 법안을 만들고 싶은지 써 보세요.

## 정치 톡톡 국회의원 이모저모

 오늘은 국회의원에 관해 궁금한 것을 알려 줄게요. 편하게 질문해 주세요.

 국회의원 중 가장 나이가 젊은 사람은 몇 살이에요?

 22대 국회에서 가장 나이가 젊은 국회의원은 만 33세 전용기 의원이에요. 반대로 가장 나이가 많은 국회의원은 박지원 의원으로 만 82세예요. 역대 최연소 국회의원은 김영삼 의원으로 만 26세에 국회의원이 되었어요. 나중에 14대 대통령이 되었죠.

 국회의원 금배지는 진짜 금인가요?

 1980년까지는 실제 금을 썼대요. 하지만 요즘은 99퍼센트 은으로 되어 있고, 나머지는 도금 처리를 한다고 하네요.

 다른 직업을 하다가 국회의원이 될 수도 있나요?

 물론이죠. 올림픽에서 메달을 땄던 운동 선수가 국회의원이 되기도 했지요. 가수, 개그맨, 탤런트 등 방송인 출신도 있었어요. 이 밖에도 소방관, 판사, 기업인 등 다양한 일을 한 사람들이 국회의원이 되어 국회에서 활동했어요.

# 땅땅땅! 법안이 통과되었습니다!

ⓒ 국회 홈페이지

국회에서 본회의가 열렸어요. 국회의장이 나무망치로 3번 두드리며 회의 결과를 알렸습니다. **본회의**는 모든 국회의원이 참석하는 국회의 최고 의사 결정 자리예요. 주로 국회의원이 만든 법안을 심사하는데 300명의 국회의원이 제출한 모든 법안을 꼼꼼히 살펴보기는 어려워요.

그래서 본회의에 앞서 분야별로 **위원회**라는 작은 모임을 만들어 법안을 살펴봐요. 예를 들어, 학교와 관련된 법은 교육위원회에서, 환경이나 노동에 관련된 문제는 환경노동위원회에서 다뤄요. 국회에는 총 18개의 상임위원회가 있어요. 위원회에서는 전문가들의 의견도 듣고, 서로 토론도 하면서 법안을 꼼꼼히 살펴본 뒤 제출합니다.

#본회의 #위원회 #표결

　위원회에서 통과된 법안은 본회의로 넘어가요. 전체 국회의원 중 60명 이상이 출석하면 본회의가 열려요. 본회의에서는 법안을 제안한 이유를 간단히 발언하고, 이에 대해 질문을 하거나 토론을 할 수 있어요. 그리고 법안을 **표결**에 부칩니다. 전체 의원 중 **과반수**가 출석하고, 출석 의원 중 과반수가 찬성하면 법안이 통과돼요.

　투표는 보통 전자 투표 방식으로 표결해요. 의원들은 자기 자리에 있는 버튼을 눌러 찬성, 반대, **기권** 중 하나를 선택합니다. 그러면 본회의장 전광판에 실시간으로 결과가 나타나요. 이렇게 하면 어떤 의원이 어떤 선택을 했는지 국민들이 바로 확인할 수 있어요.

### 어휘 풀이

- **본회의** 국회의원 전체가 모여 최종 의사를 결정하는 회의. 법안을 살펴보고 대통령의 예산안 연설, 대정부 질문 등 나랏일 전반에 대한 토론을 함.
- **위원회** 특정 분야의 안건을 전문적으로 심사하는 국회의 작은 모임.
- **표결** 안건에 대해 찬성이나 반대 의사를 표시하는 것.
- **과반수** 전체의 절반이 넘는 수.
- **기권** 찬성이나 반대의 의사 표시를 하지 않는 것.

## 내용체크

**1. <보기>를 보고 빈칸에 알맞은 낱말을 채워 보세요.**

보기
위원회    표결    기권

- 국회의원들은 새로운 법안의 (　　　　)에 참여했다.
- 교육 (　　　　)에서는 학교 급식 개선안을 심도 있게 논의했다.
- 일부 의원들은 논란의 여지가 있는 법안에 (　　　　)(을)를 선택했다.

**2. 다음 중 본회의에 대한 설명으로 옳지 않은 것을 고르세요. ……… (　　)**

① 국회의 최고 의사 결정 자리이다.
② 보통 전자 투표 방식으로 표결한다.
③ 위원회보다 먼저 법안을 검토한다.
④ 국회에서 열리는 여러 회의 중 가장 중요한 회의다.

**3. 다음 중 환경 문제와 관련된 법안을 다루는 위원회를 고르세요. ……… (　　)**

① 교육위원회　　　　② 환경노동위원회
③ 국방위원회　　　　④ 문화체육관광위원회

**4. 인터넷에서 국회에 있는 많은 위원회를 검색해 보고 그중 어느 위원회에서 어떤 법안을 만들어 보고 싶은지 써 보세요.**

**위원회 이름 :**

**법안 내용 :**

## 정치 톡톡 + 캐스팅보트

선생님, 국회에서 표결할 때 찬성표와 반대표가 같다면 어떻게 하나요?

아주 날카로운 질문인데요? 찬성과 반대가 팽팽할 때 마지막 승부를 결정짓는 한 표를 '캐스팅부트'라고 해요. 예를 들어 영국과 미국은 양원제로 국회의원이 상원과 하원으로 나뉘는데요, 영국은 하원의 의장이 캐스팅보트를 가져서 찬성 혹은 반대에 투표할 수 있어요. 미국은 상원의 의장이 캐스팅보트를 가진답니다.

예전에 학급 회의에서 투표했을 때 생각나요! 현장 체험학습 장소 정할 때 표가 똑같이 나와서 선생님이 결정해 주셨잖아요.

맞아요! 찬반이 팽팽했는데, 빠르게 정해져서 좋았어요.

학교에서 비슷한 사례를 잘 떠올렸네요.

그럼 우리나라는 국회의장이 캐스팅보트를 가지나요?

아니에요. 대한민국 헌법에서는 찬성하는 사람과 반대하는 사람의 수가 똑같다면, 안건은 통과시키지 않기로 했어요. 우리나라에서 캐스팅보트는 두 정당의 세력이 비슷할 때 제3당이 승패를 갈라요.

# 우리 편 이겨라! 정당은 왜 서로 싸울까?

전국 곳곳에서 시민들의 눈살을 찌푸리게 하는 정치 **현수막**이 **기승**을 부리고 있습니다. 정당을 홍보하려는 목적의 현수막부터 상대 정당을 비난하는 자극적인 표현으로 시민들의 피로감이 높아지고 있어요. 현수막은 옥외광고물법에 의해 게시하는 기간, 위치, 개수 등이 정해져 있어요. 이렇게 많은 현수막은 대부분 불법이에요.

공해 수준이 된 정치 현수막은 왜 이렇게 많은 걸까요? 2025년 5월 기준, 선거관리위원회에 등록된 정당은 48개예요. 이 중 22대 국회에서 의석을 가진 정당은 7개에 불과하죠. 국회에서 많은 의석을 차지한 정당일수록 선거에서 내세운 공약과 정책들을 실천하는 힘을 얻지요.

우리나라는 대통령제를 채택하고 있어요. 대통령이 소속된 정당을

#정당 #여당 #야당 #현수막

**여당**이라고 하고, 그 외의 정당들을 **야당**이라고 불러요. 여당은 국민들의 지지를 받은 만큼 열심히 일하고 약속한 정책을 지킬 의무가 있어요. 야당은 여당이 나랏일을 잘하고 있는지 감시하고 비판하며 대안을 제시하기도 해요. 이처럼 여당과 야당은 서로를 견제하고 균형을 이루며, 국민을 위한 정치 활동을 합니다.

정당이란 정치적 생각이 비슷한 사람들이 모여 만든 정치 단체예요. 선거에 출마하거나 정책을 제안하고, 국민의 의견을 정치에 반영하기 위해 활동해요. 하지만 서로 생각이 다른 정당끼리는 당연히 의견 충돌이 생길 수 있어요. 상대에 대한 심한 비난을 줄이고 서로의 의견을 존중하는 자세가 필요해요. 그리고 국민의 목소리에 귀 기울이고 국민에게 더 도움이 되는 좋은 정책을 만드는 데 힘을 써야 해요.

### 어휘 풀이

- **정당** 정치에 관한 생각이나 주장이 같은 사람들이 정치적 권력을 얻어 정치적 이상을 실현하기 위해 만든 집단.
- **여당** 대통령이 소속된 정당으로, 현재 정부와 함께 국정을 운영하는 정당.
- **야당** 여당이 아닌 다른 정당들을 통틀어 이르는 말.
- **현수막** 정당, 행사, 사업 등 다양한 분야에서 광고하기 위해 거는 직사각형 모양의 천.
- **기승** 기운이나 힘이 좀처럼 누그러들지 않음.
- **의석** 국회의원이 국회에서 차지하는 자리.

## 내용체크

**1. <보기>를 보고 빈칸에 알맞은 낱말을 채워 보세요.**

> 보기
> 정당    여당    야당

- ( ) 대표는 정부의 정책을 비판하며 다른 정책을 제시했다.
- 정치적 의견이 비슷한 사람들이 모여서 ( )을 자유롭게 만들고 정치 활동을 할 수 있다.
- ( )은 다음 선거에서도 다시 승리할 것이라고 자신한다.

**2. 글의 내용과 일치하면 O, 다르면 X 하세요.**

- 2025년 5월 기준 국회에서 활동하는 정당은 100개이다. ……………… ( )
- 정당은 국민의 이익을 위해 정치 활동한다. ……………………………… ( )

**3. 여당과 야당에 대한 설명으로 옳지 <u>않은</u> 것을 고르세요. ……………… ( )**

① 여당은 대통령을 배출한 정당이다.
② 야당은 여당을 감시하고 비판한다.
③ 여당만이 국민의 이익을 위해 일한다.
④ 여당과 야당은 서로 견제하며 활동한다.

**4. 내가 만약 정당을 만든다면 어떤 정당을 만들고 싶나요? 정당의 이름과 추천하고 싶은 정책들을 자유롭게 써 보세요.**

_____

_____

## 정치 톡톡 조선 시대의 정당

선생님, 옛날에도 정당이 있었나요?

먼저 조선 시대를 살펴볼까요? 태조 이성계는 신진사대부라고 불리는 세력들과 함께 조선을 세웠어요. 이때 신진사대부는 다시 훈구파와 사림파로 나뉘었어요. 훈구파와 사림파는 정치적으로 많이 다퉜지요.

오늘날 서로 다른 정당들이 다투는 모습과 같네요.

맞아요. 그리고 시간이 점점 지나면서 정치적 생각에 따라 여러 세력으로 나뉘었어요. 동인과 서인, 남인, 북인, 노론, 소론 등 여러 집단으로 나뉘었는데 이를 '붕당'이라고 해요.

붕당이요? 그건 뭐예요?

붕당은 비슷한 생각을 가진 양반들이 모여 만든 정치 집단이에요. 주로 학문적 견해나 정치적 입장에 따라 뭉쳤죠.

그럼 지금의 정당처럼 선거에도 나가고 그랬나요?

그렇진 않았어요. 오늘날과는 달리 왕을 중심으로 한 정치 체제였으니까요. 하지만 붕당들은 서로 견제하고 비판하면서 균형을 이루려 했어요. 이를 '붕당정치'라고 한답니다.

# 국회에 아이돌이 등장했어요!

　인기 아이돌 그룹의 멤버 하니 팜 씨가 국회 **국정감사**에 나타났어요. 국회의 **환경노동위원회**에서 하니 팜 씨를 **참고인**으로 불러 가요계 직장 내 괴롭힘 문제를 증언해 달라고 한 거예요.
　국회에 있는 여러 종류의 위원회 중에서 환경노동위원회는 주로 환경에 관한 문제와 근로자의 권리에 관한 문제를 다뤄요. 이날 국회의원들은 가요계의 직장 내 괴롭힘 사건과 관련해서 하니 팜 씨에게 많은 질문을 했고, 하니 팜 씨는 다른 팀 매니저로부터 무시 당하는 발언을 들었다고 대답했어요. 하지만 상대 측이 그런 적이 없다고 대답하면서 양쪽 주장이 엇갈리고 있어요.
　한편 이번 사건을 국정감사에서 다루는 것이 적절한지에 대해 많은

#국정감사 #참고인 #아이돌

비판도 있어요. 국정감사는 국회가 행정부를 비롯한 다른 국가 기관을 감시하고 비판할 수 있는 중요한 자리예요. 세금이 어떻게 사용되고 있는지, 정부가 일을 잘하고 있는지 등을 감시하는 역할을 하지요.

근로자의 **과로사** 문제, 임금 **체납** 문제 등 중요한 사회적 사건이 많은데 이러한 사안에 연예인이 참고인으로 참석하는 게 과연 국정감사에서 어떤 의미가 있었는지 의문이 제기되고 있어요. 국정감사는 사회에서 중요한 일을 다루는 일인 만큼 어떤 의견이 오고 가는지, 국회의원들이 적절한 질문을 하는지 등 관심을 가지고 살펴보는 자세를 가져야 해요.

### 어휘 풀이

- **국정감사** 국회가 정부 및 다른 국가 기관에 대해 감시하고 비판을 통해 잘못된 부분을 고치는 제도.
- **환경노동위원회** 국회의 여러 상임위원회 중 하나로 정부의 환경부와 고용노동부에 관련된 일을 감시함.
- **참고인** 국회에서 도움이 될 만한 의견을 말하는 사람.
- **과로사** 직장에서의 너무 많은 업무로 생긴 질병으로 인한 죽음.
- **체납** 돈을 제때 내지 못해 밀림.

## 내용체크

**1. <보기>를 보고 빈칸에 알맞은 낱말을 채워 보세요.**

보기
국정감사    참고인

- 아이돌 멤버는 직장 내 괴롭힘에 대한 정보를 말하기 위해 국회에 [　　　](으)로 출석했다.
- [　　　](은)는 국회가 정부 활동과 세금 사용을 감시하는 제도이다.

**2. 글의 내용과 일치하면 O, 다르면 X 하세요.**

- 국정감사를 통해 정부가 한 일을 비판할 수 있다. ……………… (　)
- 국정감사가 열리면 모든 일이 해결된다. ……………… (　)

**3. 이 글을 읽고 바르지 않게 설명한 학생은 누구인가요? ……………… (　)**

① 사랑: 유명 연예인이 국정감사에 참고인으로 등장했어.
② 혜민: 국정감사는 정부가 제대로 일하는지 확인하는 데 도움이 돼.
③ 영주: 환경노동위원회에서는 환경보호에 대해서만 논의해.
④ 지현: 이번 국정감사에서는 직장 내 괴롭힘 문제를 다루려고 해.

**4. 유명인이 국정감사에 참석하면 좋은 점과 나쁜 점을 각각 써 보세요.**

좋은 점:

나쁜 점:

## 정치 톡톡 청문회

 선생님, 청문회는 국정감사와 무엇이 다른가요?

 청문회는 국회가 어떤 일에 관해 더 자세히 알아보기 위해 열리는 회의예요. 국정감사는 정기적으로 열리고 청문회는 필요할 때마다 수시로 열려요.

 그러면 청문회는 주로 언제 열려요?

 청문회는 크게 세 가지 경우가 있어요. 첫째는 사회적으로 중요한 사건이 발생했을 때 이를 조사하기 위해 열리는 조사청문회예요. 둘째는 법을 만들거나 고칠 때 전문가의 의견을 듣기 위해 열리는 입법청문회이고, 마지막은 국가 기관의 주요 직책에 임명될 사람을 검사하기 위해 열리는 인사청문회랍니다.

 입법청문회에는 어떤 전문가들이 오나요?

 예를 들어, 학교 급식 법안을 논의할 때 영양사, 학부모 대표, 학생들의 이야기를 듣는 거죠.

 그러면 인사청문회는 어떤 사람들한테 열리나요?

 주로 대통령이 임명하는 고위 공직자들에게 열려요. 국무총리, 장관, 대법원장 같은 사람들이 인사청문회를 거쳐야 하지요. 청문회는 국민의 알 권리를 보장하고 정부가 더 투명하게 일하도록 도와요.

# 대통령도 쫓겨나는 세상

 2024년 12월 14일, 국회에서 윤석열 대통령에 대한 탄핵소추안이 통과되었어요. 탄핵소추안이란 큰 잘못을 저지른 대통령이나 고위 공무원을 그 자리에서 물러나게 하자고 국회가 의견을 내는 거예요.
 전체 국회의원 300명 중 204명이 찬성해서 탄핵소추안이 통과됐어요. 이로써 윤석열 대통령은 대한민국 역사상 세 번째로 탄핵소추를 받은 대통령이 되었답니다.
 탄핵소추안이 통과되자마자 윤석열 대통령의 직무가 정지되었어요. 그리고 한덕수 국무총리가 대통령 권한대행으로 임명되어 대통령 대신 나랏일을 맡게 되었죠. 이후 헌법재판소에서 <u>탄핵</u> 여부를 최종적으로 결정했어요.

#탄핵 #탄핵소추권 #행정부 견제

대통령 탄핵과 관련된 국민 여론 중 탄핵 찬성 측 입장은 대통령이 **절차**를 지키지 않고, 계엄령을 **선포**한 것 자체가 잘못이라고 주장해요. 반면 탄핵 반대 측 입장은 국회의 과도한 탄핵 때문에 정부가 일을 제대로 할 수 없었고, 계엄령은 대통령의 정당한 권한이라고 주장하고 있지요.

국회는 대통령뿐만 아니라 국무총리, 행정부의 장관, 헌법재판소 재판관, 법관, 검사 등 고위 공무원들에 대한 **탄핵소추권**을 가져요. 이는 국회가 정부나 법원의 권력이 집중되지 않도록 **견제**할 수 있는 중요한 권한이랍니다. 하지만 국가의 중대한 일이므로 신중하게 결정해야 해요.

### 어휘 풀이

* **탄핵** 고위 공직자가 헌법이나 법률을 위반했을 때 그 직위에서 물러나게 하는 제도.
* **절차** 일할 때 거쳐야 하는 순서나 방법.
* **선포** 어떤 사실이나 내용을 세상에 널리 알림.
* **탄핵소추권** 국회가 대통령을 포함한 고위 공직자에 대해 탄핵을 제안할 수 있는 권한.
* **견제** 상대편이 지나치게 세력을 펴거나 자유롭게 행동하지 못하게 억누름.

## 내용체크

**1.** <보기>를 보고 빈칸에 알맞은 낱말을 채워 보세요.

보기
견제    절차    선포

- 국회의 본회의는 ( ) 대로 진행되었다.
- 운동회에서 상대 팀이 우리 팀 블록을 쌓지 못하게 ( ) 했다.
- 자연재해가 발생해 정부는 국가비상사태를 ( ) 했다.

**2.** 글의 내용과 일치하면 O, 다르면 X 하세요.
- 국회에서 제안한 대통령 탄핵소추안이 통과되었다. ················ ( )
- 탄핵소추권은 국회의 권한으로 행정부를 견제할 수 있는 중요한 제도이다. ··· ( )
- 탄핵소추권은 국가의 중대한 일이므로 신중하게 결정해야 한다. ········· ( )

**3.** 다음 중 국회가 탄핵할 수 없는 사람은 누구일까요? ················ ( )
① 대통령　　　　　　　　② 국무총리
③ 국회의원　　　　　　　④ 검사

**4.** 대통령 탄핵에 대한 여러분의 생각은 어떤가요? 찬성인지 반대인지 생각해 보고 그 이유도 함께 써 보세요.

_____

_____

_____

## 정치 톡톡 — 탄핵과 하야

 선생님, 대통령이 임기를 못 채우고 그만두게 하는 방법에는 탄핵만 있나요?

 한 가지 방법이 더 있어요. 바로 '하야'예요.

 하야는 탄핵과 무엇이 달라요?

 탄핵은 국회가 요구하고 헌법재판소가 최종 판결을 해서 대통령을 강제로 물러나게 하는 것이지요.
하야는 대통령 스스로 물러나는 것을 말해요. 대통령이 자신의 잘못을 인정하거나, 국민의 반대가 너무 심할 때 스스로 물러나는 거예요.

 그러면 탄핵은 대통령이 잘못을 인정하지 않아도 강제로 물러나게 할 수 있는 거네요?

 그렇죠. 우리나라 역사상 세 명의 대통령이 탄핵 심판을 받았고, 두 명의 대통령이 탄핵되었어요. 그리고 또 다른 세 명의 대통령이 하야했어요.

 탄핵과 하야는 모두 대통령이 제대로 일하지 못할 때 국민의 뜻을 반영하는 제도네요.

 그래요. 탄핵이나 하야는 잘못을 바로잡을 수 있는 좋은 제도지만 애초에 그럴 일이 생기지 않는 편이 더 좋은 일이겠지요.

# 무려 15시간 50분, 밤새워 토론?

국민의힘 박수민 의원이 무려 15시간 50분이라는 역대 최장 **필리버스터** 기록을 **경신**했어요. 박 의원은 국회 **발언대**에서 이른바 '전 국민 25만 원 지원법' 통과를 반대했어요. 전날 오후 2시 54분부터 다음 날 오전 6시 44분까지 발언을 계속했어요.

필리버스터는 무제한 토론이라고도 불려요. 법안 통과를 막기 위해 합법적으로 국회의 회의를 방해하는 방법이에요. 국회에서 법을 제정할 때 다수를 차지한 정당이 소수 정당의 의견을 무시하고 마음대로 법안을 통과시킬 수도 있어요. 이때 소수 정당이 무제한 토론을 통해 법안이 통과되는 것을 막는 거예요. 그러면 소수의 의견도 존중받을 기회를 줄 수 있지요.

#필리버스터 #무제한 토론

외국에도 필리버스터가 있는데, 시간을 보내려고 주제와 관련 없는 헌법이나 성경을 읽었던 의원도 있다고 해요. 하지만 우리나라에서 필리버스터를 하는 의원은 의제와 관계없는 발언을 하면 안 돼요. 그리고 화장실도 못 가고, 물만 마실 수 있어요. 발언대에서 내려오면 다음 토론자가 바로 이어서 토론해야 해요.

필리버스터를 끝내는 방법은 세 가지예요. 먼저 무제한 토론할 의원이 더 이상 없는 경우예요. 그리고 무제한 토론 중에 **회기**가 종료되면 필리버스터가 끝납니다. 마지막으로 모든 국회의원 중 5분의 3 이상이 찬성하면 필리버스터를 종료할 수 있어요. 무제한 토론이 끝나면 해당 의제에 대해 즉시 찬반 투표를 진행해요.

### 어휘 풀이

* **필리버스터** 국회에서 안건 처리를 막거나 방해하기 위해 계속 발언하는 행위. 무제한 토론이라고도 불림.
* **경신** 이전의 최고 기록 또는 최저 기록을 새롭게 깨뜨림.
* **발언대** 생각이나 의견을 말하기 위해 올라서는 단상. 국회 본회의에서는 발언대에 올라 발언하는 것이 원칙임.
* **의제** 회의에서 의논할 문제.
* **회기** 국회가 열릴 때부터 종료할 때까지의 기간. 정기회 회기는 100일, 임시회 회기는 30일임.

## 내용체크

**1. <보기>를 보고 빈칸에 알맞은 낱말을 채워 보세요.**

보기
경신    의제    회기

- 이번 임시국회 ( )(은)는 30일로, 나음 날 15일에 끝날 예정이다.
- 이번 국회에서는 역대 최장 필리버스터 기록을 ( )했다.
- 오늘 국회 본회의의 주요 ( )(은)는 청소년 정책 예산 늘리기이다.

**2. 다음 중 필리버스터에 대한 설명으로 옳지 않은 것을 고르세요. ( )**
① 무제한 토론이라고도 불린다.
② 발언을 잠깐 멈추고 식사를 할 수 있다.
③ 소수의 의견을 존중받을 기회가 될 수 있다.
④ 다른 나라는 의제와 관련 없는 발언을 하기도 한다.

**3. 필리버스터의 목적은 무엇인가요? ( )**
① 법안을 빨리 통과시키기 위해
② 법안 통과를 막거나 방해하기 위해
③ 의원들의 말하기 실력을 키우기 위해
④ 국회의원들의 체력을 기르기 위해

**4. 친구들(가족)과 생각이 달라 열띤 토론을 벌인 경험이 있나요? 어떤 주제로 토론했는지 경험에 대해 써 보세요.**

## 정치 톡톡 — 좌파와 우파

무제한 토론을 할 정도로 정당끼리 생각이 다르면 의견을 합의하는 게 쉽지 않을 것 같아요.

맞아요. 정당마다 정치적 의견이 많이 다르기 때문이죠. 혹시 좌파와 우파라는 말을 들어 봤나요?
좌파는 보통 진보적인 편, 우파는 보수적인 편이에요. 예전에 프랑스 혁명 후에 열린 의회에서 급격한 변화를 원하는 의원들이 왼쪽에 앉았고, 원래 가치를 유지하면서 천천히 변화하기를 원했던 의원들은 오른쪽에 앉은 데서 유래했지요.

좌파와 우파는 주로 어떤 생각을 가지고 있나요?

좌파는 평등의 가치를 강조해요. 사회적 불평등에 반대하며 평등과 분배, 환경 문제 등에 관심이 많아요. 우파는 자유의 가치를 강조하면서 기존의 전통과 체계, 질서를 유지하는 데 관심을 가져요.

그럼 어느 쪽이 더 좋은 건가요?

어느 쪽이 좋거나 나쁘다고 할 수 없지요. 좌파와 우파가 강조하는 가치는 모두 우리 삶에서 중요하거든요. 새가 잘 날기 위해서 왼쪽과 오른쪽의 두 날개가 모두 필요한 것처럼 말이죠.

서로 견제하면서 균형을 이루는 게 중요하겠네요.

# 4장

# 옳고 그름을 판단하는 법원

# 대한민국의 수도가 바뀔 수 있다?

선거철마다 세종시로 행정 수도를 옮기자는 공약이 등장하고 있어요. 실제로 2003년, 수도를 서울에서 세종으로 옮기는 법이 국회에서 통과되었어요. 대한민국은 수도인 서울에 정치, 경제, 사회, **문화**를 비롯해 전 분야에 관련된 시설들이 집중되어 있어요. 이 법은 수도권에 주요 시설이 모여 있는 것을 막고 **낙후**된 지역 경제 문제를 해결할 수 있다고 주장합니다.

그러나 헌법재판소는 '대한민국의 수도는 서울이라고 생각하는 **관습법**에 따라 수도를 세종으로 옮기는 법은 **위헌**'이라는 판결을 해서 결국 수도를 옮기지 못하게 되었어요.

<u>헌법</u>에는 국민의 자유와 권리, 인간다운 생활을 보장해 모든 국민

#헌법 #인권 #서울시 #세종시

이 존중받고 행복하게 살아가게 하기 위한 내용이 담겨 있어요. 국민의 **인권**을 보장하는 데 근본이 되는 가장 중요한 <u>법</u>이며 모든 법의 기본이 되어요.

헌법은 현재 있는 법이나 새롭게 만들어지는 법이 우리의 인권을 지켜 주는지, 그렇지 않은지 판단하는 기준이 돼요. 또 국가 기관이 국민의 권리를 침해하지 않는지 살펴볼 때도 헌법 내용으로 판단해요.

헌법재판소는 헌법을 지키고 국민의 권리를 보호하는 곳이에요. 헌법이 있어 모든 국민이 평등하게 살아갈 수 있으며, 자유롭게 생각하고 활동할 수 있답니다.

### 어휘 풀이

* **헌법** 국가의 기본 법칙으로 한 국가의 최고 법. 모든 법과 제도의 바탕.
* **법** 우리가 살아가면서 지켜야 하는 기본적인 규칙으로 국가의 강제력이 따른다.
* **문화** 사람들이 오랫동안 함께 살아오면서 만들어진 생활 방식.
* **낙후** 발전이 느리거나 뒤처진 상태.
* **관습법** 사람들이 오랫동안 지켜 온 습관이나 방식이 굳어져 법 같은 효력을 갖게 되는 것.
* **위헌** 헌법에 어긋나는 것.
* **인권** 사람이 태어나면서부터 가지는 권리.

**내용체크**

**1. <보기>를 보고 빈칸에 알맞은 낱말을 채워 보세요.**

> 보기
> 낙후    문화    인권

- 인간이라면 누구나 ( )(을)를 가지고 있다.
- 마을에 인구가 적으면 세금이 적어 시설이 ( )되기 쉽다.
- 한복을 입고 설날에 세배하는 것은 우리나라의 전통 ( )이다.

**2. 글의 내용과 일치하면 O, 다르면 X 하세요.**

- 인권은 모든 법의 기본이 되는 법이다. ……………………………… ( )
- 헌법 덕분에 국민의 권리가 보호되고 차별받지 않고 살아갈 수 있다. ……… ( )

**3. 다음 중 본문의 내용과 일치하지 않은 것을 고르세요.** ……………… ( )

① 헌법에는 국민의 자유와 권리를 보장하는 내용이 담겨 있다.
② 국민의 인권을 보장하는 데 가장 중요한 법은 헌법이다.
③ 국가 기관이 국민의 권리를 침해하지 않는지 살펴볼 때 헌법 내용을 기준으로 판단한다.
④ 관습법은 국민이 누릴 수 있는 권리를 자세히 정한다.

**4. 여러분이 가장 중요하다고 생각하는 자유와 권리가 무엇인지 써 보세요.**

........................................................................................................
........................................................................................................

## 정치 톡톡 — 제헌절

 선생님, 제 생일이 있는 7월이 곧 다가와요! 그런데 7월에는 공휴일이 없어서 슬퍼요.

 곧 생일이구나. 미리 축하해요. 그래도 방학이 다가오잖아요. 오늘 우리가 배운 법에도 생일이 있는 것 알고 있나요?

 법에도 생일이 있어요?

 그럼요. 7월 17일, 제헌절은 우리나라의 헌법이 처음 만들어진 날을 기념하는 날이에요. 1948년 7월 17일이 대한민국 법의 생일이지요. 헌법을 통해 누가 나라를 다스릴지, 국민은 어떤 권리를 가지는지 등 나라의 기초적인 틀을 정한 날이에요.

 그럼 헌법이 만들어지기 전에는 나라의 기초가 없었나요?

 삼국 시대, 고려 시대, 조선 시대를 거쳐 우리 역사에서 나라의 주인은 왕이었어요. 대한민국이 들어서면서부터 나라의 주인이 국민이 되었고 그에 따라 나라의 기초적인 틀을 잡은 헌법을 만든 거예요.

 우리나라 헌법이 만들어진 날을 기념하고, 감사하는 마음으로 태극기를 달아야겠어요.

# 잘못은 했는데, 처벌은 받지 않는다?

다른 사람에게 심각한 피해를 입히는 범죄를 저질러도 처벌받지 않는 사람이 있어요. 만 10세에서 14세의 어린이는 법을 어겨도 **형사처벌**을 받지 않아 촉법소년이라고 불러요. 촉법소년이 법을 어기면 경찰이 조사한 뒤, 법원에서 사회봉사, 소년원, **보호관찰** 등 처분이 내려져요. 아직 어리기 때문에 감옥에 가는 대신, 교육과 상담을 받으며 바른 길을 찾도록 도와주는 것이지요.

법원은 우리 사회에서 사람들이 서로 싸우거나 문제가 생겼을 때, 법에 따라 올바른 해결 방법을 찾아 주는 곳이에요. **판사**는 법을 어긴 사람이 어떤 벌을 받아야 하는지 법에 따라 판결하고, 사람 사이에 다툼이 생겼을 때 공정하게 해결해 줘요.

#법원 #법원의 역할 #촉법소년

　법원에 따르면, 최근 5년 동안 촉법소년과 관련한 신고가 2배 이상 늘어났다고 해요. 특히 편의점이나 무인 가게에서 **고의**로 물건을 훔치는 범죄가 많이 늘어났어요. 또는 초등학생이 고층에서 물건을 던져 지나가던 행인이 다치거나, 친구에게 폭력을 휘둘러서 신고된 경우도 많아요.

　늘어나는 촉법소년의 범죄율과 잔인함이 선을 넘자, 소년 범죄를 줄이기 위해 촉법소년의 나이를 지금보다 더 낮추고 벌을 받게 해야 한다는 의견도 많아요. 촉법소년 제도를 이용해서 나쁜 범죄의 방패로 사용하는 것은 잘못된 일이에요. 어린이들이 올바로 성장하고 판단할 수 있도록 예방 교육이 필요해요.

### 어휘 풀이

* **법원** 우리나라의 사법부로, 법에 따라 사법권을 행사하는 국가 기관. 법의 뜻을 해석하고 그 뜻에 따라 재판해 다툼을 해결하고 국민의 권리를 보호하는 역할을 함.
* **형사처벌** 법을 어겨서 벌금을 내거나 감옥을 가는 벌.
* **보호관찰** 감옥에 가지 않고, 일정한 감독과 지도를 받게 하는 제도.
* **판사** 법원에서 누가 맞고 틀린지 판단하는 사람.
* **고의** 실수가 아니라 일부러 한 행동.

## 내용체크

**1. <보기>를 보고 빈칸에 알맞은 낱말을 채워 보세요.**

보기
판사    고의

- 동생은 화가 나서 내 장난감을 (　　　)로 망가뜨렸다.
- (　　　)는 법에 따라 판결을 한다.

**2. 글의 내용과 일치하면 O, 다르면 X 하세요.**

- 보호관찰은 소년원에서 바른길을 가도록 보호하는 처분이다. ……… (　　)
- 17세는 법을 어겨도 형사처벌을 받지 않는다. ……………………… (　　)

**3. 다음 법원에 대한 설명한 문단을 읽고 알맞은 낱말을 선택하세요.**

> 법원은 우리 사회에서 사람들이 서로 싸우거나 문제가 생겼을 때, ( 법 / 힘 )에 따라 올바른 해결 방법을 찾아 주는 곳이에요. 법원에서는 ( 판사 / 변호사 )가 공정하게 ( 판결 / 변호 )해서 억울한 사람이 생기지 않도록 도와요.

**4. 여러분은 촉법소년에 대해 어떻게 생각하나요? 촉법소년의 연령을 낮추는 문제에 대해 자신의 생각을 써 보세요.**

 **법원에서 일하는 사람들**

 선생님, TV에서 판사를 보았는데 저도 판사가 되고 싶어요!

시우는 법원에서 어떤 사람들이 일하고 있는지 알고 있나요?

 음, 사실 판사밖에 잘 몰라요. 또 누가 있어요?

법원에는 재판을 진행하고 최종 결정을 내리는 판사가 있어요. 판사는 법을 알고, 어떤 사람이 옳은지 그른지 공정하게 판단하는 역할을 해요. 검사도 있어요. 검사는 법을 어긴 사람이 있는지 조사해요.

 TV에서 봤어요! 나쁜 사람을 잡는 검사!

맞아요. 또 변호사는 재판에서 사람들을 돕는 역할을 해요. 억울한 사람이 있으면 그 사람을 대신해서 변호해 주지요.

 선생님, 속기사도 있지 않아요?

맞아요! 재판 과정을 기록하는 속기사, 최신 법률 정보를 검색하고 관리하며 법원 도서관을 운영하는 사서, 판사가 올바른 재판을 할 수 있도록 돕는 재판연구원 등이 있어요.

# 세종대왕 曰 "억울한 사람이 없도록 하라!"

"죄인도 사람이다. 억울한 죄인이 생기지 않게 하라."

우리나라에서 가장 존경받는 위인으로 손꼽히는 세종대왕의 말씀이에요. 세종대왕은 백성이 억울한 일을 당하지 않도록 특별한 법을 도입했지요. 바로 '삼복제'예요. 삼복제는 하나의 사건에 대해 세 번의 심판을 하는 제도로, 지금 우리가 알고 있는 '삼심제도'의 시작이라고 할 수 있어요.

<u>삼심제도</u>는 공정한 재판을 통해 억울한 사람이 생기지 않도록 하기 위한 제도예요. 1심 법원인 지방법원에 판결에 불만이 있다면 2심 법원인 고등법원에 **항소**를 할 수 있어요. 2심 법원의 판결이 억울하다면 3심 법원인 대법원에 **상고**해 재판을 받을 수 있어요.

#삼심제도 #세종대왕 #죄인도 사람이다

그러나 모든 재판에서 삼심제도가 적용되는 것은 아니에요. **특허**나 지방 선거와 관련된 재판은 1심을 하지 않고 고등법원에서 대법원까지만 재판하는 2심제를 적용해요. 대통령, 국회의원, 시·도지사의 선거 재판과 일부 재판은 대법원에서만 판결하는 단심제로 진행되어요.

삼심제도는 법원 스스로 바른 판결을 할 수 있도록 기회를 주고, 하나의 사건에 3번 동안 신중한 재판을 하도록 도와요. 세종대왕의 말씀처럼 억울한 사람에게 다시 재판받을 기회를 줌으로써 국민의 자유와 권리를 보호하는 중요한 제도예요.

### 어휘 풀이

* **삼심제도** 한 사건에 대해 세 번의 심판을 받을 수 있는 제도.
* **항소** 1심인 지방법원 재판의 결과가 마음에 들지 않을 때, 고등법원에 다시 재판을 요청하는 것.
* **상고** 2심인 고등법원 재판의 결과가 마음에 들지 않을 때, 대법원에 다시 재판을 요청하는 것.
* **특허** 새로운 물건이나 기술을 처음 만든 사람에게 인정하는 권리.

## 내용체크

**1. <보기>를 보고 빈칸에 알맞은 낱말을 채워 보세요.**

보기
항소    특허    상고

- 그 사건에 대해 검찰은 대법원에 ( ) 를 제기했다.
- 친구는 일심에서 패한 뒤에 ( ) 를 포기했다.
- 우리 엄마는 새로운 소재를 개발해서 ( ) 를 받았다.

**2. 글의 내용과 일치하면 O, 다르면 X 하세요.**

- 모든 재판은 무조건 3번 심판을 한다. ……………………… ( )
- 대통령 선거 재판은 대법원에서만 판결을 내린다. ……………… ( )

**3. 다음 중 본문의 내용과 일치하지 않은 것을 고르세요.** ……………… ( )

① 세종대왕은 억울한 사람이 없도록 세 번 심판하는 법을 도입했다.
② 삼심제도는 공정한 재판을 통해 억울한 사람이 생기지 않도록 하는 제도다.
③ 1심 지방법원에 판결이 불만이 있다면 2차 고등법원에 상고할 수 있다.
④ 특허 재판은 고등법원에서 대법원까지 2심제로 이루어진다.

**4. 인터넷에서 법원 어린이 홈페이지를 찾아 살펴보고, 느낀 점을 적어 보세요.**

_____

_____

144

## 정치 톡톡 정의의 여신상

선생님, 법과 관련된 책을 보다가 눈을 가리고 저울과 칼을 들고 있는 조각상을 본 적이 있는데 이름이 뭔지 아세요?

정의의 여신상을 보았군요. 정의의 여신상은 법과 정의를 상징해요. 법원이나 사법 기관 근처에 가면 볼 수 있어요.

그런데 왜 눈을 가리고 있는 거예요?

눈을 가린 이유는 법 앞에 모든 사람이 평등하다는 의미를 담고 있어요. 부자나 가난한 사람, 유명한 사람이나 그렇지 않은 사람 모두를 편견 없이 판단하겠다는 의미예요.

그럼 저울이랑 칼에는 무슨 의미가 있어요?

저울은 공정함을 상징해요. 어느 한쪽에 치우치지 않고 모든 것을 공평하게 판결하겠다는 의미를 가지고 있죠. 칼은 법의 힘으로, 법을 어긴 사람에게 벌을 주겠다는 뜻이에요.

오, 멋있는 의미를 담고 있는 조각상이네요. 법과 정의를 상징할 만해요. 한 번 찾아봐야겠어요!

# 어린이를 지키는 법, 민식이법이 생긴 이유

　충남 아산의 한 어린이 보호 구역에서 안타까운 교통사고로 목숨을 잃은 어린이가 있어요. 사고 이후 국회에서는 어린이 보호 구역 내 신호등과 **과속** 단속 카메라를 설치하는 법이 통과되었어요. 어린이 보호 구역에서 안전 운전을 하지 않는 운전자는 더 강하게 처벌하는 법도 시행되었지요. 이 법은 당시 9세에 사망한 김민식 군의 이름을 따서 '민식이법'이라고 불려요. 학교 주변의 신호등을 살펴보면 과속 단속 카메라와 어린이 보호 구역인 스쿨존이 표시되어 있어요.

　이 외에도 어린이들이 안전하고 **위생**적인 급식을 먹을 수 있도록 학교급식법이 만들어졌고, 식품위생법 등 다양한 법을 통해 어린이를 보호하려는 노력이 이루어지고 있습니다. 하지만 이러한 법이 있어도

#형사재판 #민식이법

지켜지지 않으면 소용이 없어요.

  법을 어긴 사람은 재판을 통해 벌을 받아요. 형사재판은 법을 어긴 사람이 죄가 있는지 없는지 확인하고, 죄가 있다면 어떠한 벌을 받아야 하는지를 결정하는 재판이에요. 법을 어긴 사람은 벌금을 내거나, 사회봉사, 교육 이수 등의 처벌을 받을 수 있고 심할 경우 감옥에 갈 수도 있어요.

  어린이를 보호하는 법이 있어야 학교, 집, 주변 놀이터 등 어디서든 어린이가 안전하게 생활할 수 있어요. 어린이가 행복한 세상을 만들기 위해 여러 가지 법을 만들고 재판을 함으로써 어린이의 권리를 지켜 주고 있어요.

### 어휘 풀이

\* **형사재판** 법을 어긴 사람에게 죄가 있는지 없는지를 파악하고 벌을 결정하는 재판.
\* **과속** 속도를 너무 빠르게 내는 것.
\* **위생** 깨끗하고 건강하게 유지되는 것.
\* **보호** 위험하지 않도록 잘 보살펴 돌봄.

## 내용체크

**1. <보기>를 보고 빈칸에 알맞은 낱말을 채워 보세요.**

> 보기
> 위생    보호    과속

- 두루미는 천연기념물로서 사라지지 않게 ( ) 해야 한다.
- 스쿨존에서는 30킬로미터 이하로 달려야 하는데 70킬로미터로 달리는 것은 ( )이다.
- ( ) 상태가 나쁜 음식점은 과태료를 물거나 영업 정지 등의 처벌을 받을 수 있다.

**2. 글의 내용과 일치하면 O, 다르면 X 하세요.**

- 어린이 보호 구역 관련 법 외에도 학교급식법 등 어린이를 보호하는 법이 있다. ( )
- 어린이를 위한 법은 어겨도 벌을 받지 않는다. ( )

**3. 다음 빈칸에 알맞은 말을 넣어 글을 완성하세요.**

- 법을 어긴 사람이 있다면 먼저 ( )(이)가 나서서 그 사람이 벌을 어겼는지 조사해요. 그 후에 ( )(이)가 조사한 사람을 재판에 넘길지 결정하고, ( )(은)는 죄가 있는지 판단해요.

**4. 어린이를 위해 꼭 필요한 법이 있는지 생각해 보고 그 이유도 함께 써 보세요.**

148

## 정치톡톡 _법의 종류_

선생님! 법에는 어떤 종류가 있나요?

혹시 형법, 민법이란 말을 들어 봤나요? 둘 다 사람들이 규칙을 잘 지키도록 돕는 법이지만, 어떤 문제를 해결하는지에 따라 다르게 적용이 되어요.

형법은 어떤 경우에 적용돼요?

형법은 사람들이 법을 어겼을 때 벌을 주는 법이에요. 예를 들어 물건을 훔치거나, 친구를 때리는 행동은 법을 어긴 것이기 때문에 형법에 따라 처벌을 받을 수 있어요.

그럼 민법은요?

민법은 사람들 사이에서 일어나는 문제를 해결해 주는 법이에요. 친구에게 돈을 빌려 줬는데 안 갚는다거나, 물건을 샀는데 사자마자 고장이 난 경우 민법으로 해결할 수 있어요.

아! 형법은 나쁜 행동을 막고 벌을 주는 것이고, 민법은 사람들 사이의 문제를 해결하는 법이군요.

맞아요. 형법은 경찰과 법원이 형사재판으로 벌을 정하고, 민법은 사람들끼리 서로 합의하고 문제를 해결하는 것으로 생각하면 돼요.

# 뜨거운 커피 때문에 벌어진 법정 싸움

커피가 너무 뜨거워서 다쳤다고 **소송**을 건 할머니가 있어요. 햄버거, 감자튀김과 같은 음식을 빠르게 만들어서 먹을 수 있는 대표적인 패스트푸드 가게인 미국 맥도날드에서 일어난 일이에요.

할머니는 손자와 함께 맥도날드에 들러서 커피를 사고, 뚜껑을 열다가 온몸에 커피를 쏟아서 화상을 입었어요. 치료비가 천만 원이 넘게 들자, 할머니는 맥도날드에 피해 보상을 요청했지만 거절당했어요. **합의**에 실패한 할머니는 결국 소송을 할 수밖에 없었지요.

할머니가 맥도날드에 소송을 요청한 재판은 **민사재판**이에요. 민사재판은 사람들 사이에 생긴 돈이나 **계약** 문제를 해결하는 재판을 의미해요. 약속을 안 지키거나, 물건을 망가뜨렸을 때 등 피해를 보았을

#재판의 종류 #민사재판 #남에게 상처 주는 행동은 NO

때 누가 잘못했는지 법원이 판단하고 해결하는 과정이에요.

미국 법원은 '맥도날드가 커피 온도를 너무 높게 설정해서 위험을 불러일으켰다'고 보고 할머니에게 치료비와 보상금을 지급하라고 판결했어요. 이후 패스트푸드점들은 커피 컵에 '뜨거우니 조심하세요!'라는 문구를 넣었어요.

민사재판은 시간이 오래 걸릴 수 있고, 변호사를 쓰는 비용이나 소송비 등이 많이 드는 과정이에요. 그래서 먼저 상대방과 대화하거나 **중재**를 시도하고 꼭 필요한 경우에만 재판을 진행하는 것이 좋아요.

### 어휘 풀이

- **민사재판** 개인 사이에서 다툼이 벌어졌을 때 옳고 그름을 판단해 주는 재판.
- **소송** 문제를 해결하기 위해 법원에 있는 판사에게 법률에 근거해 판결을 내려 달라고 도움을 요청하는 것.
- **합의** 대화를 통해 문제를 해결하고 서로 만족하는 결론을 내림.
- **계약** 돈, 일, 물건 등을 거래할 때 서로 지켜야 할 약속을 정하고 문서로 남기는 것.
- **중재** 다른 사람이 중간에서 도와줘서 문제를 해결하는 일.

## 내용체크

**1. <보기>를 보고 빈칸에 알맞은 낱말을 채워 보세요.**

> 보기
> 계약     중재

- 장난감을 먼저 가지고 놀겠다고 싸우자, 하루씩 번갈아 가지고 놀라고 부모님이 ( ) 하셨다.
- 유명한 축구 선수가 새로운 팀과 ( )(을)를 했다.

**2. 글의 내용과 일치하면 O, 다르면 X 하세요.**

- 민사재판은 시간이 오래 걸리고 비용이 많이 든다. ……………… ( )
- 상대방과 대화할 필요 없이 소송을 하는 것이 좋다. ……………… ( )

**3. 본문을 간추린 다음 문장을 읽고 알맞은 낱말을 골라 보세요.**

> ○ 맥도날드 커피 뚜껑을 열다가 화상을 입자, 할머니는 법원에 문제
> ○ 를 해결해 달라고 ( 소송 / 판단 )을 하고, 피해 보상을 요청하는
> ○ ( 민사재판 / 형사재판 )으로 문제를 해결했다.
> ○
> ○

**4. 여러분이 판사라면, 음료가 너무 뜨거워서 다친 사건에 대해 어떻게 판결을 내릴 건가요? 이유도 써 보세요.**

판결:

이유:

## 정치 톡톡 재미있는 소송 이야기

 선생님! 광고에서 본 햄버거와 제가 받은 햄버거가 너무 달라요. 이거 소송 가능해요?

 실제로 미국에서는 햄버거 광고를 보고 너무 기대했다가 실망해서 소송을 한 경우가 있어요.

 소송까지요? 놀랍네요. 또 다른 별난 소송 이야기도 있나요?

 물론이죠. 영국의 한 사진 작가가 여행 중이었어요. 그런데 갑자기 원숭이가 그의 카메라를 훔쳐서 사진을 찍었어요. 이후 사진은 영국뿐 아니라 미국의 사이트 등으로 멀리 퍼졌고, 사진 작가는 사진의 저작권은 자신에게 있다며 소송을 제기한 경우도 있어요.

 소송까지 가다니! 그래서 어떻게 되었어요?

 미국에서는 사람만이 저작권의 소유자가 될 수 있기에 원숭이가 찍은 사진의 저작권은 없다고 해석했답니다. 이 외에도 미국에서는 한 엄마가 어린 시절부터 아들이 마인크래프트, 로블록스 등 게임을 하기 시작해서 게임 중독이 되었다고 회사를 상대로 소송을 한 경우가 있었어요. 미국 공립 학교와 엄마들이 아이들의 SNS 중독과 유해 콘텐츠에 노출되는것에 대해 해당 기업에 소송을 걸기도 했고요. 이렇게 소송 사건에 대해 살피면 현재 사회의 이슈에 대해서도 알 수 있어요.

# 딥페이크 범죄와의 전쟁

　최근 불법 합성물, **딥페이크** 영상이나 이미지를 **악용**한 범죄가 널리 퍼지고 있어요. 딥페이크를 이용한 성범죄의 경우 **피의자**의 80퍼센트가 10대라는 통계가 있어요. 대부분 장난 정도로 여기는 게 큰 문제예요. 같은 반 친구의 얼굴을 나쁜 내용이 담긴 영상이나 이미지에 합성해서 공유한다거나 퍼뜨리다가 범죄를 짓는 전과자가 되는 거지요. 특히 피해자가 미성년자인 경우 문제가 더 심각해요. 장난이었다는 변명은 통하지 않으며 딥페이크 영상이나 이미지를 보는 것만으로도 처벌받을 수 있어요. 딥페이크 영상이나 이미지를 만들고 **배포**하면 7년 이하의 징역 또는 5천만 원 이하의 벌금을 내야 해요.
　<u>양형기준</u>은 판사들이 벌을 정할 때 참고하는 기준이에요. 법원에서

#양형기준 #딥페이크 #벌금 #징역

　는 판사들이 지나치게 가볍거나 무겁게 처벌하는 것을 막기 위해 양형기준을 적용해요.

　우리나라에서 양형기준에 따라 받을 수 있는 벌의 종류는 크게 벌금, 징역, 그리고 특별한 경우 집행유예로 나뉘어요. 먼저 벌금은 주로 작은 잘못을 저질렀을 때 받는 벌이에요. 교통 신호를 어기거나, 공공장소에서 규칙을 어긴 경우에 양형기준에 따라 벌금을 내요.

　반면 징역은 죄가 무겁거나, 다른 사람에게 큰 피해를 주었을 때 감옥에 가는 벌을 뜻해요. 집행유예는 잘못은 했지만, 반성하고 있고 감옥에 갈 정도는 아니라고 판단될 때 내려져요.

　잘못된 행동을 한 사람은 책임을 져야 해요. 우리나라는 양형기준이 있어서 판사가 어떤 범죄에 대한 벌을 정할 때 좀 더 객관적으로 판단할 수 있어요.

### 어휘 풀이

- **양형기준** 법관인 판사가 범죄에 대해 징역 또는 벌금을 정할 때 참고할 수 있는 기준.
- **딥페이크** 사람의 얼굴이나 목소리를 컴퓨터로 조작해서 진짜처럼 보이게 만드는 기술.
- **악용** 알맞지 않게 쓰거나 나쁜 목적으로 사용하는 것.
- **피의자** 범죄를 저질렀을 가능성이 있어 수사 대상이 되는 사람.
- **배포** 사진, 동영상, 글 등을 다른 사람에게 퍼뜨리는 것.

## 내용체크

**1. <보기>를 보고 빈칸에 알맞은 낱말을 채워 보세요.**

보기
악용      배포

- 이 법은 잘못된 법이어서 ⬚ 될 위험이 있다.
- 경찰에서는 범인의 인상착의를 그림으로 그려서 전국에 ⬚ 했다.

**2. 글의 내용과 일치하면 O, 다르면 X 하세요.**

- 양형기준에 따라 받을 수 있는 벌의 종류는 벌금과 징역형만 있다. ………… ( )
- 법원에서는 판사들이 지나치게 가볍거나 무겁게 처벌하는 것을 막기 위해 양형기준을 적용한다. ……………………………………………………………………… ( )

**3. 다음 문단을 읽고 알맞은 낱말을 선택하세요.**

> 잘못된 행동에는 책임이 따라야 해요. 우리나라에서는 양형기준에 따라 벌의 정도를 정해요. ( 벌금 / 징역 )은 작은 잘못을 저질렀을 때 받는 벌로 나라에 돈을 내는 거예요. 반면 ( 벌금 / 징역 )은 죄가 무겁거나, 다른 사람에게 큰 피해를 주었을 때 감옥에 가는 벌이에요.

**4. 딥페이크 범죄를 막기 위해 우리가 할 수 있는 일은 무엇이 있는지 써 보세요.**

_____

_____

## 정치 톡톡 — 범죄를 줄이는 방법

선생님, 미국에서는 잘못을 저지르면 100년까지 감옥에서 살 수도 있대요. 범죄가 없는 세상을 만들려면 이렇게 벌을 강하게 내려야 하지 않을까요?

처벌이 세지면 범죄가 줄어들 것 같지만, 꼭 그렇다고는 할 수 없어요. 실제로 미국의 강력 범죄율이 한국의 강력 범죄율보다 높다고 해요.

왜요? 처벌이 세면 사람들이 무서워서 범죄를 저지르지 않을 것 같은데.

어떤 사람들은 처벌이 무서워도 순간적으로 화를 이기지 못하거나, 욕심에 눈이 먼 나머지 잘못된 선택을 하기도 해요. 그래서 처벌을 무겁게 하는 것만이 답은 아니에요.

그럼 범죄를 줄이려면 어떻게 해야 할까요?

범죄를 줄이려면 왜 그런 행동이 나쁜지 알려 주고, 그 행동이 다른 사람과 나에게 어떤 영향을 주는지 알려 줘야 해요. 미국의 한 연구 결과에 따르면 범죄 예방 교육을 받은 학생들의 범죄를 저지르는 비율이 30퍼센트가 낮았다고 해요. 처벌보다는 예방 교육과 서로를 배려하는 마음을 키우는 게 효과적이에요.

# 법의 마지막 심판자, 헌법재판소

"대통령 윤석열을 파면한다."

2025년 4월 4일, 서울 종로구 헌법재판소 **대심판정**서 울린 판결문이 한국 사회를 흔들었어요. 헌법재판관 8명이 만장일치로 윤석열 대통령의 **파면**을 결정한 것이지요. 윤석열 대통령은 박근혜 대통령에 이어 우리나라에서 두 번째 탄핵된 대통령이 되었어요.

<u>헌법재판소</u>는 우리나라의 헌법을 지켜요. 헌법을 지키지 않는 사건이 발생하면, 헌법재판소가 판결해요. 또 국회에서 만든 새로운 법이나 기존의 법이 헌법에 맞는지 판단한답니다. 만약 법이 헌법에 어긋난다고 판단하면, 그 법은 **효력**이 없다고 결정해요. 정당의 활동이 헌법을 어기지 않았는지 확인하고 심판하기도 하지요.

#헌법재판소 #법의 수호자

대통령이나 국무총리, 장관 등 고위 공무원이 중대한 잘못을 저질렀을 때 탄핵할 수도 있어요. 국회에서 고위 공무원에 대해 탄핵소추안을 **제기**하면, 헌법재판소는 고위 공무원이 계속 일을 할 수 있는지 결정해요. 헌법재판소는 2004년 노무현 대통령, 2017년 박근혜 대통령, 그리고 2024년 윤석열 대통령까지 총 세 차례 대통령 탄핵을 심판한 사례가 있어요.

헌법재판소는 헌법의 질서를 지키고 국민의 권리와 의무를 보호하는 역할을 해요. 민주주의 사회에서 국민의 기본적인 인권을 보호하는 헌법재판소 덕분에 우리는 안전하고 공정한 사회에서 살 수 있답니다.

### 어휘 풀이

* **헌법재판소** 대한민국의 헌법과 국민의 기본권을 지키기 위해 설립된 기관.
* **대심판정** 9명의 헌법재판관이 헌법 재판에 대한 결정을 내리는 곳.
* **파면** 잘못을 저지른 사람에게 일을 그만두게 함.
* **효력** 어떤 일이 실제로 효과가 나타나는 것.
* **제기** 어떤 문제에 대해 의견을 말하거나 이야기하는 것.

## 내용체크

**1. <보기>를 보고 빈칸에 알맞은 낱말을 채워 보세요.**

> 보기
> 파면    효력    제기

- 시민 단체는 뇌물을 받은 감독관의 (　　　)(을)를 요청했다.
- 그 판결에 대한 문제를 (　　　)하며 나의 의견을 말했다.
- 진통제의 (　　　)(이)가 떨어져 환자가 괴로워했다.

**2. 글의 내용과 일치하면 O, 다르면 X 하세요.**

- 헌법재판소는 우리나라의 헌법을 지키는 일을 한다. ······················ (　　)
- 헌법재판소는 탄핵소추안을 제기할 수 있다. ······························· (　　)

**3. 빈칸에 들어갈 말을 본문에서 찾아 쓰세요.**

- 헌법재판소는 국회에서 만든 □(이)가 헌법에 맞는지 판단하는 일을 한다.
- 헌법재판소는 □□ 활동이 사회 질서를 어지럽히며 헌법을 어긴 일이 없는지 심판한다.
- 헌법재판소는 대통령이나 국무총리, 장관 등 고위 공무원이 중대한 잘못을 저질렀을 때 □□ 할 수 있다.

**4. 대한민국 헌법 내용을 찾아보고 헌법에서 제일 중요하다고 생각하는 부분을 적어 보세요.**

---

1. 파면, 제기, 효력 / 2. O, X / 3. 법, 정당, 탄핵

## 정치 톡톡 · 헌법재판소의 역사

 선생님, 헌법재판소는 언제 처음 만들어졌나요?

 앞서 말했듯 우리나라 헌법은 1948년에 처음으로 만들어졌어요. 헌법을 기본으로 해서 우리나라의 기본적인 법과 규칙을 정했죠. 하지만 그때는 헌법을 지키는지 감독하는 기관이 제대로 없었어요.

 그래서 헌법재판소가 생긴 거예요?

 1987년에 새로운 헌법이 만들어졌고, 그에 따라 1988년 9월 1일에 헌법재판소가 만들어졌어요. 이때부터 헌법재판소는 법이 헌법에 맞는지 판단하는 중요한 역할을 맡게 되었죠.

 헌법재판소는 또 어떤 일을 해요?

 법이 헌법에 맞지 않으면 그 법을 무효로 만들 수 있고, 대통령이나 고위 공무원이 잘못했을 때 탄핵 심판을 해요. 또 정당이 헌법에 어긋나는 행동을 할 경우 심판을 통해 그 정당을 해산할 수도 있답니다.

 선생님, 헌법재판소는 종로구에 있죠? 윤석열 전 대통령 탄핵 선고하는 날 시위하는 사람들로 인해 안국역에 지하철이 서지 않는다는 뉴스를 봤어요.

 맞아요. 세상에 관심을 가지는 자세가 보기 좋아요.

# 5장
# 생활 속의 정치·외교

# 갈릴레오의 재판, 다수결의 진짜 의미

"그래도 지구는 돈다."라는 말을 들어 본 적이 있나요? 이 문장은 이탈리아의 과학자였던 갈릴레오 갈릴레이가 한 말로 유명해요.

그는 직접 망원경으로 관찰한 것을 바탕으로 지구가 태양 주위를 돌고 있다는 '지동설'을 주장했어요. 요즘은 **관측** 기술이 발달해서 지구가 태양을 중심으로 돌고 있다는 지동설이 당연한 사실로 받아들여져요. 하지만 그 시대에는 태양이 지구 주위를 돌고 있다는 '천동설'을 믿는 사람들이 훨씬 더 많았어요. 결국 갈릴레이는 잘못된 주장을 했다는 이유로 재판까지 받았지요.

이처럼 어떤 결정을 내릴 때 더 많은 사람들의 의견에 따라 판단하는 것을 <u>다수결의 원칙</u>이라고 불러요. 현대 사회에서는 복잡하고 다

#다수결의 원칙 #지동설 #천동설

양한 문제를 쉽고 빠르게 해결하기 위해 다수결의 원칙을 자주 활용해요. 이 원칙은 특히 민주 정치의 기본 원리로서 중요한 역할을 하고 있지요. 모두가 함께 결정에 참여하고, 누구든 평등하게 한 표씩 의견을 낼 수 있기 때문이에요. 그래서 대통령과 국회의원 선거에서도 다수결의 원칙에 따라 가장 많은 표를 받은 **후보**가 당선된답니다.

하지만 앞에서 살펴본 갈릴레이의 재판 이야기처럼 다수결의 원칙이 늘 옳은 것만은 아니에요. 더 적은 수의 사람들이 낸 의견이 더 **합리적**일 수도 있어요. 따라서 다수결의 원칙에 따라 결정을 내리기 전에는 꼭 충분한 논의와 대화의 시간을 가져야 해요.

### 어휘 풀이

* **다수결의 원칙** 어떤 결정을 내릴 때 더 많은 사람들의 의견에 따라 판단하는 것.
* **관측** 눈이나 기계로 자연 현상을 관찰해 움직임을 측정함.
* **후보** 선거에서 어떤 자리에 오르려고 자격을 갖추고 나선 사람.
* **합리적** 이론과 논리에 합당하게 잘 맞는 것.

### 내용체크

1. <보기>를 보고 빈칸에 알맞은 낱말을 채워 보세요.

   보기
   관측    후보    합리적

   - 용돈은 예산에 맞게 [　　　](으)로 소비해야 한다.
   - 전교 회장 선거에 [　　　](이)가 한 명밖에 나오지 않았다.
   - 망원경으로 별의 위치 변화를 [　　　]할 수 있다.

2. 글의 내용과 일치하면 O, 다르면 X 하세요.
   - 태양은 지구를 중심으로 돌고 있다. ……………………………… (　　)
   - 다수의 의견은 소수의 의견보다 언제나 더 중요하다. ………… (　　)

3. 다수결의 원칙을 활용하기에 적절하지 <u>않은</u> 상황을 고르세요. ……… (　　)
   ① 우리반을 대표하는 학급 회장을 뽑을 때
   ② 현장 체험 학습 장소를 정하려고 할 때
   ③ 탕수육을 가장 맛있게 먹는 방법이 궁금할 때
   ④ 친구들과 나눠 먹을 과자 한 봉지를 함께 고를 때

4. 다수결의 원칙에 따라 어떤 결정을 내려 본 경험이 있나요? 어떤 상황이었는지, 또 결정의 결과는 어땠는지 적어 보세요.

## 정치 톡톡 — 중우정치

선생님, 지난주 학급 회의에서 다수결의 원칙으로 우리 반 청소를 한 달에 한 번만 하기로 했는데요. 요즘 교실이 너무 더러워서 불편해요.

그런가요? 사실 다수결의 원칙이 언제나 최선의 결과를 내는 것은 아니에요. 주제에 대해 충분히 생각해 보지 않고 당장 좋아 보이는 의견만을 따른다면 나중에 더 큰 문제가 생길 수 있어요.

사실 저는 회의 때 목소리 큰 친구들 눈치를 보느라 말을 못 했어요. 다들 좋아하는 의견에 혼자 반대하긴 어렵더라고요.

하긴 나도 그날 좀 주변 분위기에 휩쓸린 것 같아.

여러분의 이야기를 듣다 보니 '중우정치'라는 개념이 떠오르네요. 중우정치는 특정 의견을 따르도록 부추기는 사람들이나 더 많은 수의 어리석은 의견을 따르다가 비합리적인 판단을 내리는 것을 말해요. 자칫 민주주의의 단점이 될 수도 있지요.

사전으로 찾아보니 중우는 어리석은 사람들의 무리라는 뜻이네요. 그러면 민주적인 투표로도 좋은 결과가 나오기 어렵겠어요.

으악, 우리 반이 중우정치에 휘둘리게 할 수는 없지. 빨리 학급 회의를 다시 열자고 건의해야겠어요.

# 콘서트 입장권이 500만 원?

 인기 가수 임영웅 씨의 콘서트 입장권이 500만 원이 넘는 금액으로 거래되는 등 암표가 **극성**을 부리고 있어요. 암표란 예매하기 어려운 콘서트나 스포츠 경기 등의 입장권을 산 뒤, 자신이 산 가격보다 비싸게 되파는 거예요.

 암표는 문화·공연 업계는 물론, 입장권을 구하고 싶어 하는 사람들에게도 큰 피해를 줘요. 그동안은 **매크로 프로그램**을 이용한 경우만 처벌을 받았어요. 많은 사람들이 <u>국민신문고</u>에 암표로 인한 피해를 **호소**하자, 국민권익위원회는 문화체육관광부에 관련 법을 바꿀 것을 권했지요. 문화체육관광부는 앞으로 **예매** 방법에 상관없이 암표 거래를 금지하고 처벌을 더 강화하는 방향으로 법을 바꾸겠다고 밝혔어요.

#국민신문고 #암표

　국민신문고는 국민권익위원회가 운영하는 온라인 국민 참여 웹사이트예요. 국민신문고를 통해 국민들은 일상 속에서 느낀 불편한 점과 예산 낭비 사례 등을 신고하거나, 정부 정책에 대해 제안할 수 있어요. 국민신문고에 접수된 다양한 의견은 가장 적절한 정부 기관으로 빠르게 전달돼요.

　이처럼 국민신문고를 이용하는 것은 생활 속에서 쉽게 정치에 참여하는 방법 중 하나예요. 국민들의 목소리를 모으면 공공의 문제를 더 효과적으로 해결할 수 있고, 소중한 세금을 더 잘 사용하게 할 수 있어요.

### 어휘 풀이

- **국민신문고** 국민권익위원회가 운영하는 온라인 국민 참여 사이트로, 주요 공공기관에 국민의 의견을 전달함.
- **극성** 성질이나 행동이 지나치게 활발하거나 적극적임.
- **매크로 프로그램** 여러 번 입력해야 하는 과정을 자동으로 빠르게 실행하게 하는 컴퓨터 프로그램.
- **호소** 억울한 일이나 사정을 남에게 간곡하게 알림.
- **예매** 차표나 입장권 등을 정해진 시간이 되기 전에 미리 삼.

## 내용체크

1. <보기>를 보고 알맞은 낱말을 넣어 문장을 완성해 보세요.

보기
극성    호소    예매

- 명절 연휴에 떠나는 기차표는 [          ]하기가 어렵다.
- 여름이 되자 모기가 [          ](을)를 부리기 시작했다.
- 그 환자는 눈물을 흘리며 고통을 [          ]했다.

2. 글의 내용과 일치하면 O, 다르면 X 하세요.
- 공연 입장권을 산 뒤 더 비싸게 되파는 것은 불법이다. ·············· (     )
- 한 번 정해진 정부 정책의 내용은 다시 바꿀 수 없다. ·············· (     )

3. 다음 중 국민신문고에 제안하기에 적절한 것을 고르세요. ·············· (     )
① 어린이 보호 구역 안에 신호등 추가 설치가 필요할 때
② 학교 앞 편의점에서 새로 나온 음료를 사고 싶을 때
③ 우리 학교 급식의 양이 너무 적다는 의견을 내고 싶을 때
④ 이번 달에 부모님께 받기로 한 용돈을 더 받고 싶을 때

4. 일상에서 느꼈던 불편한 점을 생각해 보고, 국민신문고에 내고 싶은 의견과 그 이유를 적어 보세요.

의견:

이유:

## 정치 톡톡 다양한 청원 방법

선생님, 조선 시대에도 신문고가 있었다면서요?

맞아요. 억울한 일이 생긴 백성들은 신문고라는 북을 쳐서 하소연할 수 있었어요. 그런데 신문고를 치려면 절차가 복잡해서 실제로 활용하기는 어려웠대요.

우리는 누구나 인터넷으로 국민신문고를 쉽게 이용할 수 있는데 안타깝네요. 선생님, 국민신문고 말고 의견을 직접 낼 수 있는 다른 방법은 없나요?

물론 많지요. 청원24 사이트를 통해서도 정부에 직접 의견을 전할 수 있어요. 또 국회의 국민 동의 청원 사이트를 이용하면 법에 대해 제안할 수도 있고요. 그 밖에 생활 속 불편한 점들은 시청이나 구청 사이트에 건의하기도 해요.

선생님, 그러면 혹시 우리나라 대표인 대통령께도 직접 의견을 전할 수 있을까요?

그럼요. 대통령실로 직접 의견을 내려면 국민 제안 사이트를 이용하면 돼요. 국민 제안 사이트는 지난 정부에서 운영했던 청와대 국민 청원 게시판이 사라진 뒤 새로 생긴 소통 창구예요.

의견을 낼 수 있는 방법이 많네요. 저는 일단 학교 앞에 불법 주차를 금지해 달라고 건의해 볼래요.

# 황당 규제 공모전에서 1위를 차지한 것은?

 2024년 8월, 국가 주요 정책들을 다루는 국무조정실에서 제2회 황당 **규제** 대국민 **공모전**을 열었어요. 사람들이 생활 속에서 겪은 황당한 규제를 직접 **건의**하면 투표를 통해 우수 제안을 뽑는 거예요.
 제1회 공모전에서는 청소년증에 들어가는 사진 크기를 여권이나 주민등록증의 사진 크기와 맞춰 달라는 제안 등이 선정되었어요.
 이번에 뽑힌 황당 규제 1위는 산후도우미 지원 사업 관련 내용이에요. 산후도우미로 일하고 있는 '**산모**의 친어머니'가 자신의 딸을 도와주는 경우에는 그동안 정부 지원금을 받을 수 없었어요. '산모의 시어머니'가 돕는 경우에는 받을 수 있었고요. 이 규제로 사람들이 불편해한다는 것을 알게 되자, 정부는 관련 규정을 바꾸었지요.

#여론 #황당 규제 공모전

　위와 같은 공모전은 법적 규제에 대한 국민들의 <u>여론</u>을 알아보기 위해 실시해요. 여론이란 어떤 문제에 대해 많은 사람이 공통적으로 가지고 있는 의견이에요. 그래서 여론은 정부가 정책을 만들거나 실행하는 데에 많은 영향을 미쳐요. 여론을 잘 반영해야 더 많은 국민의 지지를 받을 수 있으니까요.

　여론을 살펴보기 위해 정부는 전화나 인터넷 설문 등 다양한 방법으로 여론 조사를 할 수 있어요. 믿을 수 있는 조사 결과를 얻으려면 특정한 답을 유도하지 않도록 공평하고 쉬운 표현으로 질문해야 해요. 또 다양한 나이와 지역의 사람들을 골고루 선택해야 하지요.

### 어휘 풀이

- **여론** 어떤 문제에 대해 많은 사람이 공통적으로 가지고 있는 의견.
- **규제** 규칙으로 일정한 한도를 정해 그 이상 넘지 못하게 하는 것.
- **공모전** 공개적으로 작품을 모집하고 그중 좋은 것을 시상하는 대회.
- **건의** 어떤 문제에 대한 의견을 내놓는 것.
- **산모** 아이를 갓 낳은 여자.

## 내용체크

**1. <보기>를 보고 빈칸에 알맞은 낱말을 채워 보세요.**

보기
규제    산모    건의

- 선생님께 쉬는 시간을 늘려 달라고 (　　　　)했다.
- 무분별한 쓰레기 배출에 대한 (　　　　)가 더욱 강화될 예정이다.
- 의사는 (　　　　)와 아기 모두 건강하다고 말했다.

**2. 글의 내용과 일치하면 O, 다르면 X 하세요.**

- 산모의 가족이 산후도우미로 일하고 있으면 정부 지원금을 받지 못했다. ⋯ (　　)
- 황당 규제 공모전 결과는 사람들의 투표로 결정되었다. ⋯⋯⋯⋯⋯⋯⋯⋯ (　　)

**3. 다음 중 여론에 대한 설명으로 옳지 않은 것을 고르세요. ⋯⋯⋯⋯⋯ (　　)**

① 여론을 알아보는 방법으로 전화 여론 조사를 활용할 수 있다.
② 여론이란 어떤 문제에 대해 일부 사람들이 가진 의견이다.
③ 여론은 정부가 정책을 만들 때 영향을 미친다.
④ 여론을 잘 반영한 정책은 많은 국민의 지지를 받을 수 있다.

**4. 만약 정부가 여론을 전혀 고려하지 않으면 어떻게 될까요? 그 결과를 생각해 보고, 예상되는 문제점을 써 보세요.**

⋯⋯⋯⋯⋯⋯⋯⋯⋯⋯⋯⋯⋯⋯⋯⋯⋯⋯⋯⋯⋯⋯⋯⋯⋯⋯⋯⋯⋯⋯⋯⋯⋯⋯⋯⋯⋯⋯⋯

⋯⋯⋯⋯⋯⋯⋯⋯⋯⋯⋯⋯⋯⋯⋯⋯⋯⋯⋯⋯⋯⋯⋯⋯⋯⋯⋯⋯⋯⋯⋯⋯⋯⋯⋯⋯⋯⋯⋯

## 정치 톡톡 언론

 정부가 모든 초등학교에 놀이터를 새로 지어 줄 거라는데?

 뭐라고? 그런 이야기를 어디서 들었어?

 SNS랑 블로그에서 봤지. 다른 친구들도 지금 엄청나게 좋아하고 있던데? 이왕이면 물놀이도 할 수 있으면 좋겠다.

 음, 그건 믿을 수 있는 정보는 아닌 것 같은데요? SNS나 블로그에 올라오는 모든 내용을 무조건 믿는 것은 위험해요.

 뉴스나 신문 같은 대표적인 언론 매체들은 꼼꼼하게 조사하고 소식을 전할 테니 그냥 믿어도 되지 않을까요?

 그것도 생각해 봐야 해요. 만약 언론에서 어떤 문제에 대해 한쪽의 입장만 중점적으로 다루면 어떻게 될까요? 의도적으로 장점은 많이, 단점은 적게 다룬다면 여론이 달라질 수도 있겠죠?

 앗, 다시 찾아보니 놀이터를 언제, 어떤 예산으로 짓는지는 나와 있지 않네요. 앞으로는 무조건 믿지 말아야겠어요. 정보의 출처를 잘 확인하고 내용을 비판적으로 살펴보는 습관을 들일게요.

# 지역화폐법, 여당과 야당의 줄다리기

여당과 야당이 지역화폐법을 두고 **대립**을 이어가고 있어요. 지역화폐는 할인 금액으로 구매한 후, 특정 지역 안에서만 사용할 수 있는 화폐를 말해요. 예를 들어 서울사랑상품권은 서울 안에서만 사용할 수 있지요.

지역화폐의 추가 **발행**에 대한 여당과 야당의 입장은 사뭇 달라요. 야당은 지역화폐를 더 발행하면 지역 내 소비가 늘어날 테니 경제 **활성화** 효과가 클 것이라고 주장해요. 한편, 여당은 지역화폐를 할인 금액으로 발행할 때 드는 많은 돈이 미래 세대에게 부담을 준다고 생각해요. **포퓰리즘** 정책이 될까 걱정하는 것이지요.

포퓰리즘이란 사람들에게 인기를 얻을 목적으로 사람들의 요구나

#포퓰리즘 #지역화폐

의견을 따르는 정치적인 행동이에요. 많은 사람들의 의견에 귀 기울이려고 하는 점은 민주주의와 비슷해요. 하지만 포퓰리즘은 어떤 정책을 세울 때 국가 발전을 위하는 것보다 정치적인 목적을 이루는 데에 더 관심이 있어요. 또한 정치 집단들 사이에 불필요한 갈등을 일으키기도 해요.

포퓰리즘이 위험한 이유는 **실현** 가능성이 작거나 큰 손해가 예상되어도 당장 사람들이 좋아할 만한 의견이라면 그대로 따른다는 점이에요. 실제로 베네수엘라라는 나라에서는 정부가 다양한 물건과 서비스를 무료로 나눠 주어서 사람들이 좋아했어요. 하지만 결국 그런 정책 때문에 경제 위기를 맞이하게 되었지요.

### 어휘 풀이

* **포퓰리즘** 사람들에게 인기를 얻을 목적으로 사람들의 요구나 의견을 따르는 정치적인 행동.
* **대립** 의견 등이 서로 반대되거나 잘 맞지 않는 것.
* **발행** 화폐, 증명서 등을 만들어 널리 쓰이도록 함.
* **활성화** 기능을 활발하게 함.
* **실현** 꿈이나 기대 등을 실제로 이루는 것.

### 내용체크

**1. <보기>를 보고 빈칸에 알맞은 낱말을 채워 보세요.**

보기
발행    대립    실현

- 정부가 새로운 복권 (　　　) 시기를 늦추겠다고 발표했다.
- (　　　) 가능한 목표를 세우고 차근차근 도전해 보자.
- 두 사람의 의견 (　　　) 이 너무 심해서 분위기가 가라앉았다.

**2. 글의 내용과 일치하면 O, 다르면 X 하세요.**

- 경기도의 지역화폐는 경기도에서만 사용할 수 있다. ⋯⋯⋯⋯⋯⋯ (　　)
- 지역화폐에 대한 여당과 야당의 입장은 서로 비슷하다. ⋯⋯⋯⋯⋯⋯ (　　)

**3. 다음 중 포퓰리즘에 대한 설명으로 옳지 않은 것을 고르세요.** ⋯⋯⋯⋯ (　　)

① 사람들에게 인기를 끄는 것을 중요하게 생각한다.
② 특정 집단의 정치적 목적을 이루는 것에 관심이 있다.
③ 정치 집단들 사이에 갈등을 만들기도 한다.
④ 국가 발전에 도움이 되는 걸 가장 중요하게 생각한다.

**4. 여러분은 지역화폐를 추가 발행하는 법에 대해 어떻게 생각하나요? 찬성과 반대 중 하나의 입장을 선택하고 그 이유를 적어 보세요.**

## 정치톡톡 군중심리

'친구 따라 강남 간다.'라는 속담이 무슨 뜻이지?

내가 알려 줄까? 그건 하고 싶지 않은 일도 다른 사람한테 이끌려서 덩달아 하게 될 때 쓰는 말이야.

맞아요. 군중심리를 잘 나타내는 속담이죠.

군중심리요? 군인이랑 관련 있는 건가요?

하하, 군중이란 수많은 사람을 의미해요. 군중심리는 다른 사람들이 많이 하는 선택을 따라 하는 거예요. 다들 하는 선택을 같이 하면 나한테도 도움이 될 거라고 생각하는 거죠.

앗, 유행하는 디저트를 사려고 아주 긴 줄을 기다리는 것과 비슷하네요. 만약에 어떤 사람이 군중심리를 이용해서 다른 사람들을 마음대로 휘두르려고 하면 어떡하죠?

바로 그런 점을 조심해야 해요. 역사를 살펴보면 권력을 가진 사람들이 언론을 이용해서 자신의 정치적 목적에 유리한 쪽으로 이끄는 경우가 많았거든요.

군중심리에 휩쓸리지 않으려면 다양한 의견을 골고루 듣기 위해 노력하고 감정적으로 판단하지 말아야겠어요.

# 촛불에서 아이돌 응원봉으로

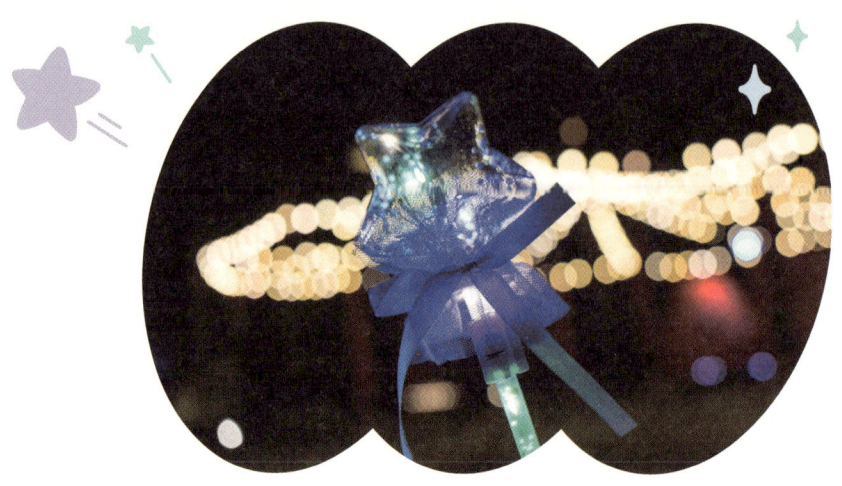

 최근 **집회** 현장에 아이돌 응원봉이 등장해서 화제가 되고 있어요. 이는 케이팝 음악과 아이돌을 좋아하는 젊은 층의 집회 참여가 늘어났기 때문이에요. 그들이 가지고 있던 응원봉이 집회 **소품**으로 사용된 것이지요.

 집회란 사람들이 어떤 목적을 가지고 정해진 장소와 시간에 함께 모여 공통된 의견을 표현하는 정치적 행동을 말해요. 사회적 문제를 해결하는 데에 직접 목소리를 내며 적극적으로 참여하고 싶을 때 집회를 열 수 있어요. 그래서 집회에 모인 사람들은 하고 싶은 말을 적은 **피켓**이나 현수막 등을 들고 행진하거나 함께 **구호**를 외치기도 해요.

 특히 아이돌 응원봉을 활용한 집회가 사람들의 눈길을 끈 이유는

#집회 #아이돌 응원봉

이전의 집회와는 그 모습이 크게 달라졌기 때문이에요. 그동안 대부분의 집회는 촛불을 들거나, 엄숙한 분위기에서 진행되는 경우가 많았어요. 그런데 최근 집회에서는 신나는 케이팝 음악에 맞춰 응원봉을 흔드는 새로운 집회 문화가 생겼어요.

집회는 민주주의 사회에서 사람들이 갖는 중요한 권리 중 하나예요. 집회의 자유는 헌법에서 기본권으로 보장하고 있어서 정부도 집회를 마음대로 금지할 수 없어요. 대신 안전과 질서 유지를 위해 실외에서 집회를 열 때는 장소와 내용, 규모 등을 미리 신고하도록 하고 있지요.

다양한 세대가 함께 참여하는 집회 문화는 앞으로도 계속 발전할 거예요.

### 어휘 풀이

* **집회** 사람들이 어떤 목적을 가지고 정해진 장소와 시간에 함께 모여 공통된 의견을 표현하는 정치적 행동.
* **소품** 장식용으로 주로 쓰이는 작은 물건.
* **피켓** 어떤 주장 등을 적어서 들고 다니는 널빤지.
* **구호** 어떤 요구나 주장 등을 나타내는 간단한 말.

## 내용체크

**1. <보기>를 보고 빈칸에 알맞은 낱말을 채워 보세요.**

> 보기
> 소품    피켓    구호

- 운동회에서 양 팀은 각자 만든 응원 ⬚ (을)를 외쳤다.
- 교통 안전 캠페인을 하기 위해 ⬚ (을)를 만들었다.
- 안경이나 양말도 패션 ⬚ (으)로 활용할 수 있다.

**2. 글의 내용과 일치하면 O, 다르면 X 하세요.**

- 집회에서 아이돌 응원봉이 사용된 지 오래되었다. ·········· (    )
- 젊은 층의 참여가 늘면서 새로운 집회 문화가 생겼다. ·········· (    )

**3. 다음 중 집회에 대한 설명으로 옳은 것을 고르세요.** ·········· (    )

① 정부는 집회를 금지할 수 있다.
② 집회는 매우 소극적인 정치 행동이다.
③ 집회에 모인 사람들은 구호를 외칠 수 없다.
④ 집회의 자유는 헌법에서 보장하고 있다.

**4. 집회가 열리는 것을 직접 보거나 참여한 적이 있나요? 언제 어디에서 어떤 집회였는지 자기 경험을 적어 보세요.**

## 정치 톡톡 * 표현의 자유

 주말에 부모님과 경복궁에 가다가 큰 집회가 열리는 걸 봤어요. 집회의 자유는 헌법에 보장되어 있다고 하셨죠?

 맞아요. 관련 헌법 조항을 더 자세히 살펴볼까요? 우리나라 헌법 제21조 1항을 살펴보면, '모든 국민은 언론·출판의 자유와 집회·결사의 자유를 가진다'고 되어 있어요. 즉 표현의 자유를 보장하는 거예요.

 우리나라 국민이라면 누구나 자신이 생각하는 것을 자유롭게 말할 수 있고, 집회를 열 수도 있다는 뜻이군요.

 그런데 표현의 자유가 그렇게 중요한 건가요?

 그럼요! 만약 사람들이 자기 생각을 자유롭게 표현하는 것이 금지된다면 어떻게 될까요? 정부가 잘못한 일이 있어도 아무도 말할 수 없게 될 거예요. 가짜 뉴스가 퍼져 많은 사람들이 혼란스러워해도 그게 사실이 아니라고 말할 수도 없고요.

 흠, 그러면 집회는 물론이고 정치에 참여하는 방법이 많이 막히겠어요. 말조심하느라 친구들과도 자유롭게 수다도 못 떨게 되는 것 아니에요?

 으악, 생각만 해도 답답해!

# 지역이기주의냐 희생이냐, 그것이 문제로다

쓰레기 처리 문제는 서울시의 오래된 고민거리예요. 서울시가 마포구에 쓰레기 **소각장**을 더 건설하려고 하자, 지역 주민들이 강하게 반대하고 나섰어요. 추가 소각장 건설을 두고 서울시와 지역 주민들 사이에는 법적 다툼이 진행 중이에요.

서울시는 소각장을 지하에 건설하고, 지상에는 문화 시설과 관광지 등을 만들어 주겠다고 제안했어요. 하지만 주민들의 입장은 **완고해요**. 이미 마포구에 소각장이 있는데 또 건설하는 것은 불공평하다는 거예요. **지역이기주의**가 아닌 일방적인 희생이라며 건설 계획을 바꿀 것을 주장하고 있어요.

자기 지역의 이익과 행복을 가장 우선시하는 현상을 지역이기주의

#지역이기주의 #님비 논란

라고 해요. 특히 공공의 이익을 위해서는 필요하지만, 해당 지역에 손해를 줄 수 있는 시설을 반대하는 것은 '님비 현상(NIMBY)'이라고도 불러요. 님비 현상은 영어로 'Not In My Back Yard', 즉 '우리 집 뒷마당에는 안 된다'라는 문장을 줄인 표현이에요.

지역이기주의 현상으로 인한 **갈등**을 해결하기 위해서는 많은 대화의 시간이 필요해요. 예를 들어 주민 설명회를 열어 해당 시설의 중요성을 충분히 안내하고, 예상되는 문제 개선을 위해 노력할 것을 약속하는 거지요. 또 서울시가 제시한 것처럼 지역에 도움이 되는 시설을 함께 더 지어 주는 등의 경제적 보상을 약속하기도 해요.

### 어휘 풀이

* **지역이기주의** 자기 지역의 이익과 행복을 가장 우선시하는 현상.
* **소각장** 쓰레기 등을 불에 태워 없애는 장소.
* **완고하다** 올곧고 고집이 셈.
* **갈등** 개인이나 집단 사이에 서로 목표나 처지 등이 달라 충돌하는 것.

## 내용체크

**1. <보기>를 보고 빈칸에 알맞은 낱말을 채워 보세요.**

보기: 소각장    완고    갈등

- 할아버지는 이미 내린 결정에 대해서는 늘 [          ] 하셨다.
- 쓰레기가 늘어나면서 [          ] 건설이 중요한 문제가 되었다.
- 층간 소음 때문에 자꾸 윗집과 [          ](이)가 생긴다.

**2. 글의 내용과 일치하면 O, 다르면 X 하세요.**

- 쓰레기 소각장 건설은 지역 주민들에게 환영받고 있다. ········· (      )
- 서울시와 마포구 주민들은 법적 다툼을 하고 있다. ············· (      )

**3. 다음 중 지역이기주의에 대한 설명으로 옳은 것을 고르세요.** ········· (      )

① 자기 지역의 이익보다 사회 전체의 발전을 먼저 고려한다.
② 님비 현상은 지역에 이익이 되는 시설을 찬성하는 것이다.
③ 갈등 해결을 위해 주민 설명회를 열어 대화하기도 한다.
④ 지역이기주의 현상으로는 갈등이 생기지 않는다.

**4. 만약 여러분의 집 앞에 쓰레기 소각장이 건설될 예정이라면 찬성, 반대 중 어떤 의견을 선택할 건가요? 의견과 이유를 써 보세요.**

의견 :

이유 :

## 정치톡톡 핌피 현상

 선생님, 우리 동네에 지하철역이 생길 거래요. 이왕이면 우리 학교 앞에 생기면 좋겠어요. 그럼 학교 끝나고 어디 가기에도 좋을 것 같아요.

 하하, 그러게요. 그런데 가까운 곳에 지하철역이 생기는 걸 바라는 사람이 우리뿐만은 아닐걸요?

 우리 동네 주민들도 아파트 앞에 지하철역이 생기기를 기대하고 있어요. 찬성하는 사람들의 서명도 받고 있더라고요.

 혹시 핌피 현상이라고 들어봤나요? 'Please In My Front Yard'라는 말의 줄임말로, '내 앞마당에 지어 주세요'라는 뜻이에요. 지하철역처럼 자기 지역에 도움이 되는 시설을 서로 끌어오려는 현상이지요.

 그렇다면 님비 현상처럼 핌피 현상도 지역이기주의라고 볼 수 있겠네요. 사람들이 너무 다들 욕심을 많이 부리는 것 같아요.

 지역이기주의 현상 때문에 갈등이 많이 생기긴 하지만 무조건 나쁜 건 아니에요. 누구나 자신의 의견을 적극적으로 말할 수 있다는 건 우리 사회가 그만큼 민주적이라는 뜻이기도 하니까요.

 맞아요. 충분히 대화하고 조금씩 양보하면 모두가 만족할 수 있는 결과를 얻을 수 있을 거예요.

# 설악산 케이블카 설치, 반대한다고요?

 강원도 고성군이 설악산 울산바위 케이블카 설치 사업을 본격적으로 시작하기로 했어요. 환경 **시민단체**들은 이 계획에 반대하고 있지요. 하지만 고성군은 2027년부터 2029년까지 약 700억 원을 들여 울산바위 주변까지 올라가는 케이블카 시설을 만들 계획이에요.
 고성군은 케이블카가 설치되면 멋진 풍경을 보려고 오는 관광객들이 더 많아질 거라고 주장해요. 이 사업이 지역의 경제 발전에 도움이 될 것이라 기대하는 거예요. 하지만 환경 시민단체들은 케이블카 예정 지역이 **멸종** 위기인 산양의 서식지라며 크게 **반발**하고 있어요. 설악산이 점차 망가지게 될 것을 걱정하는 거지요.
 시민단체란 사회 전체의 발전을 위해 시민들이 스스로 모여 활동하

#시민단체 #설악산 케이블카

는 모임을 말해요. 시민단체는 사람들이 낸 회비나 기부금으로 운영되며 개인이나 특정 집단의 이익을 위해 일하지 않아요. 다양한 사회 문제 해결에 관심을 가지고 캠페인 등의 활동을 하거나, 여론을 모아 정부의 정책 결정에 영향을 주기도 해요.

이처럼 시민단체에서 활동하면 정치에 더 적극적으로 참여할 수 있어요. 우리나라에 있는 시민단체들은 환경, 교육, 문화, 인권, 경제 등 다양한 분야에서 우리 사회의 **공익**을 위해 노력해요. 한편 어떤 시민단체들은 한 나라 안에서만 머물지 않고 세계 여러 나라에서 활동하기도 한답니다.

### 어휘 풀이

- **시민단체** 사회 전체의 발전을 위해 시민들이 스스로 모여 활동하는 모임.
- **멸종** 생물의 한 종류가 아예 없어짐.
- **반발** 어떤 상태나 행동에 대해 거스르고 반대함.
- **공익** 사회 전체의 이익.

## 내용체크

**1. <보기>를 보고 빈칸에 알맞은 낱말을 채워 보세요.**

> 보기
> 멸종    반발    공익

- 그 ( ) 광고는 환경 보호를 위한 내용을 담고 있다.
- 돈을 더 내야 한다는 말에 사람들이 강하게 ( )했다.
- 환경을 보호하지 않으면 더 많은 동물이 ( )될지도 모른다.

**2. 글의 내용과 일치하면 O, 다르면 X 하세요.**

- 관광객들이 많아지면 지역 경제에 도움이 된다. ·········· (    )
- 케이블카 때문에 동물들의 서식지가 망가질 수 있다. ·········· (    )

**3. 다음 중 시민단체의 활동으로 어울리지 않는 것을 고르세요.** ·········· (    )

① 초등학교 추가 건설을 위한 새로운 법 만들기
② 새로 짓는 댐으로 인한 환경 파괴 문제 조사하기
③ 소비자의 권리 보호를 위한 캠페인 활동하기
④ 정부의 예산이 낭비 없이 잘 쓰이고 있는지 점검하기

**4. 우리 주변의 사회 문제 중 해결하고 싶은 것이 있나요? 가상의 시민단체 구성원이 되어 시민단체 가입 홍보 포스터에 어떤 내용을 담고 싶은지 써 보세요.**

_____

_____

## 정치 톡톡 　이익단체

 선생님, 놀이터 앞 상가에 커다란 현수막이 붙었어요. 주변 아파트 공사 먼지 때문에 얼마나 괴로운지에 대해 적혀 있더라고요.

 나도 그거 봤어. 상가에 있는 가게 주인들이 모인 상인회에서 달았다더라. 선생님, 상인회도 시민들이 모여 활동하는 거니까 시민단체 맞지요?

 아니에요. 상인회는 시민단체가 아니라 이익단체랍니다. 이익단체는 자신들의 이익을 보호하기 위해 만든 모임이에요. 사회 전체의 이익을 위해 활동하는 시민단체와는 달라요.

 그럼 저희 엄마가 활동하시는 의사 협회도 이익단체인가요?

 그렇죠. 잘 이해했네요. 그 밖에도 노동조합, 농민단체 등 직업과 관련된 이익단체가 많아요. 일하면서 느낀 어려운 점을 해결하려 함께 모이는 경우가 많거든요.

 표현의 자유가 있으니 이익단체를 만들어 활동하는 것은 좋은데, 너무 각자의 주장만 내세우면 다툼이 쉽게 생길 것 같아요.

 상가 상인회랑 이웃 아파트 공사 관계자들도 대화를 나누고 해결책을 찾으면 좋겠어요.

# 한국, 쿠바에 첫 대사관 개관

한국 대사관이 처음 생긴 나라는 미국이에요. 1949년 3월에 만들어졌어요. 그리고 최근에는 2025년 1월, 쿠바의 수도 아바나 지역에 한국 대사관이 처음으로 문을 열었어요. 대사관은 외국에서 정부를 대표하는 외교관이 머무르며 일하는 기관을 말해요.

한국 대사관 **개관**은 우리나라와 쿠바가 서로 공식적으로 **수교**를 맺은 지 약 11개월 만에 이루어진 일이에요.

쿠바는 1959년 쿠바혁명 이후 우리나라와 서로 <u>외교</u> 관계가 끊어졌던 나라예요. 한국전쟁 때까지는 우리나라를 도와줄 정도로 사이가 좋았지만, 이후 쿠바가 북한과 가까워지면서 우리나라와는 교류가 없어졌지요. 대사관 개관 소식을 들은 쿠바 **교민**들은 앞으로 행정 업무

#외교 #대사관

처리가 더 편해질 것이라며 기대하고 있어요.

외교란 한 나라가 다른 나라와 관계를 맺고 교류하는 것을 뜻해요. 다른 나라와 정치, 경제, 문화 등 여러 분야에 걸쳐 서로 좋은 관계를 유지하는 거예요. 예를 들어 어떤 나라와 외교 관계가 좋으면 그 나라에 살고 있는 우리 국민을 안전하게 보호하고, 정치·경제적으로 문제가 생겨도 평화롭게 해결할 수 있어요.

외교를 좋게 유지하는 방법에는 여러 가지가 있어요. 가장 대표적인 방법은 서로의 나라에 외교관을 보내거나, 각 나라의 대표들끼리 모여 회의를 하는 거예요. 또 무역이나 기술 교류가 쉬워지도록 경제적으로 협력하자는 약속을 맺는 경우도 많아요. 그리고 만약 자연재해나 전쟁 등으로 어려움에 처한 나라가 있으면 도움을 주기도 한답니다.

### 어휘 풀이

* **외교** 한 나라가 다른 나라와 관계를 맺고 교류하는 것.
* **개관** 도서관, 박물관 등의 기관이나 시설이 새로 문을 열고 일을 시작함.
* **수교** 나라와 나라 사이에 외교 관계를 맺음.
* **교민** 다른 나라에 살고 있는 우리나라 국민.

## 내용체크

**1. <보기>를 보고 빈칸에 알맞은 낱말을 채워 보세요.**

```
                        보기
        개관          수교          교민
```

- 지진 피해 지역에서 [ ]들을 대피시키려고 비행기를 보냈다.
- 우리 동네에 있는 미술관은 [ ]한 지 벌써 50년이 되었다.
- 두 나라는 [ ]한 후 서로 무역량이 증가했다.

**2. 글의 내용과 일치하면 O, 다르면 X 하세요.**

- 대사관은 대통령이 해외 출장 일정이 있을 때 머무는 곳이다. ……… ( )
- 쿠바에 한국 대사관이 생긴 지 10년이 넘었다. …………………… ( )

**3. 다음 중 외교에 해당하지 않는 것을 고르세요. …………………… ( )**

① 외국의 유명 대학에서 한국 문화를 소개하는 전시회 열기
② 올림픽과 같은 국제 행사에 참여하기
③ 제주도에 내린 폭설로 공항에 갇힌 사람들 도와주기
④ 우리나라 대통령이 다른 나라의 대통령을 만나 회의하기

**4. 우리나라에 대해 세계에 알리는 것도 외교의 한 방법이에요. 외국인 친구가 생긴다면 어떤 내용을 소개하고 싶은지 써 보세요.**

_____

_____

## 정치 톡톡 : 외교관이 하는 일

이것 좀 봐! 나도 이제 여권이 생겼어. 방학에 부모님이랑 해외여행 가기로 했거든. 외국에서는 여권이 자기 신분증이래.

정말 좋겠다. 선생님, 그런데 만약 외국에서 여권을 잃어버리면 어떻게 해요?

그러면 분실 신고를 한 뒤 해외에 있는 우리나라 대사관이나 영사관에 방문에서 새로 발급받으면 돼요. 우리나라 국민이 외국에서 곤란한 일을 겪으면 그 나라에 있는 외교관들이 도와준답니다.

우리나라 밖에서도 보호받을 수 있다니 마음이 든든해요. 외교관은 그밖에 또 어떤 일을 하나요?

외교관들은 우리나라를 대표해서 외국에 나가 있는 만큼 우리나라의 의견을 전달하고 그 나라와 우리나라의 관계가 잘 유지되도록 노력해요. 국제 회의에 참여하거나 우리나라의 문화를 홍보하기도 하고요. 또 그 나라에 대한 다양한 정보를 조사해서 우리나라에 알리기도 하지요.

우아, 정말 멋져요! 저도 커서 외교관이 될래요.

기대할게요. 앞으로 세계의 정치, 경제 상황에 더 많은 관심을 기울여야겠네요.

# 미국의 WHO 탈퇴, 국제 사회에 미치는 영향은?

미국은 세계보건기구(WHO)에서 **탈퇴**하기로 했어요. 세계보건기구는 벌써 미국의 빈자리를 크게 느끼는 눈치예요. 세계보건기구의 대표인 테워드로스 사무총장은 한 인터뷰에서 미국이 회의에 참여하지 않아 슬프다고 말하기도 했어요.

세계보건기구는 국제연합(UN)에 속해 있는 **보건** 전문 **국제기구**로, 보통 WHO라고 줄여서 불러요. WHO에서는 전 세계 사람들의 건강을 지키기 위한 연구와 질병 예방을 위해 노력해요. 코로나19 바이러스가 전 세계적으로 유행했을 때 WHO가 **팬데믹**을 선언했지요. 이 밖에도 세계에는 WHO처럼 다양한 목적에 따라 만들어진 국제기구가 많아요.

#국제기구 #세계보건기구 #미국 탈퇴

　국제기구란 국제적인 문제를 함께 해결하기 위해 세계 여러 나라가 모여 만든 단체를 말해요. 국제기구를 통해 여러 나라들은 서로 돕고 정보를 나누며 평화롭게 공통의 문제를 해결할 수 있지요. WHO처럼 잘 알려진 국제기구로는 세계 평화를 위해 만들어진 국제연합(UN)이나 세계 어린이들을 위해 활동하는 유엔아동기금(UNICEF), 국가 간의 경제 분쟁을 조정하고 판결하는 세계무역기구(WTO) 등이 있어요.

　현대 사회에서 국제기구의 역할은 매우 중요하지만, 국제기구가 무엇이든 해결할 수 있는 것은 아니에요. 국제기구가 각 나라에 무언가를 강제로 시킬 수는 없거든요. 또 미국이 WHO를 탈퇴한 것처럼 회원국들 간의 **협조**가 잘 이루어지지 않으면 운영에 어려움을 겪을 수 있어요.

### 어휘 풀이

* **국제기구** 국제적인 문제를 함께 해결하기 위해 세계 여러 나라가 모여 만든 단체.
* **탈퇴** 속해 있던 단체 등에서 관계를 끊고 나옴.
* **보건** 건강을 지키고 유지하는 것.
* **팬데믹** 사람들이 면역력을 갖고 있지 않은 질병이 전 세계로 전염되고 확산되는 현상.
* **협조** 서로 힘을 모아 문제를 함께 해결하기 위해 노력함.

## 내용체크

**1. <보기>를 보고 빈칸에 알맞은 낱말을 채워 보세요.**

보기
협조    탈퇴    보건

- 학교에서 아플 때 ( )실에 가면 도움을 받을 수 있다.
- 주민들의 적극적인 ( )로 마을 축제가 성공적으로 끝났다.
- 동아리에서 ( )하려면 신청서를 써서 내야 한다.

**2. 글의 내용과 일치하면 O, 다르면 X 하세요.**

- 세계보건기구는 전 세계의 질병 예방을 위해 노력한다. ·················· ( )
- 미국은 앞으로 세계보건기구의 회원국이 아니다. ·················· ( )

**3. 다음 중 국제기구에 대한 설명으로 옳지 않은 것을 고르세요.** ·················· ( )

① 여러 나라들과 관련된 문제를 해결하는 데에 도움을 준다.
② 세계에는 다양한 목적을 지닌 국제기구들이 있다.
③ 국제기구는 단 하나의 국가만으로는 만들 수 없다.
④ 많은 나라가 모인 국제기구는 어떤 문제도 해결할 수 있다.

**4. 국제 사회의 여러 문제들 중 여러분이 가장 먼저 해결하고 싶은 문제는 무엇인지 적어 보세요.**

## 정치 톡톡 - 비정부기구

 선생님, 책에서 비정부기구에 대한 설명을 봤는데 국제기구와 비슷한 건가요?

 국제기구랑 비정부기구, 둘 다 똑같이 기구로 끝나네!

 하하, 기구는 쉽게 말해 어떤 조직이나 단체를 의미해요. 그 두 단체 모두 전 세계적인 문제 해결을 위해 노력해요. 하지만 국제기구는 각 나라의 정부가, 비정부기구는 일반 시민들이 모여 만든 단체랍니다.

 아하, 그럼 비정부기구라는 이름은 한자로 아닐 비(非)자를 써서 정부들이 모인 기구가 아니라는 뜻이겠네요.

 맞아요. 국제기구는 회원국들이 낸 돈으로 운영되고 주로 전 세계 보건, 경제, 평화 등 큰 문제들을 다뤄요. 한편 비정부기구는 주로 기부금으로 운영되며 환경이나 사회 등 좀 더 구체적인 문제들을 다루는 경우가 많지요.

 오, 검색해 보니 그린피스, 세이브더칠드런도 비정부기구네요. 전에 캠페인 활동을 할 때 들어 본 적이 있어요.

 국제기구와 비정부기구, 둘 다 멋진데요? 어른이 되면 어디에서 일할지 고민해 봐야겠어요!

# 슈퍼 댐을 둘러싼 물 전쟁

 물의 힘으로 전기를 만들 수 있다는 사실, 들어 본 적 있나요? 최근 중국이 대규모 전기 생산을 위해 얄룽창포강에 세계 최대 규모의 **수력발전** 댐을 건설하겠다고 발표했어요. 그러자 인도와 방글라데시 등 주변 국가들이 크게 반대하고 나섰지요.

 댐은 물의 힘으로 전기를 만들거나 물을 저장할 수 있는 시설이에요. 중국이 자기 땅에 댐을 건설하는데 주변국들과 갈등을 빚는 이유는 이 강이 여러 나라에 걸쳐 흐르기 때문이지요. 강 위쪽에 거대한 댐이 지어지면 아래쪽에서는 가뭄이나 홍수 등 **재해**가 일어날 수 있거든요. 강물을 모았다가 한꺼번에 흘려보내거나 물줄기를 막고 보내지 않거나 하면 강 아래 지역에 위협을 줄 수도 있어요.

#지구촌 갈등 #슈퍼 댐 건설

교통과 통신이 발달하자 세계는 마치 하나의 마을처럼 가까워졌어요. 하지만 그만큼 갈등도 더 많이 겪게 되었지요. **지구촌 갈등**이란 세계의 여러 나라들이 서로 부딪히며 일어나는 다양한 문제들을 말해요. 지구촌 갈등은 여러 나라의 **이해관계**가 얽혀 있어 쉽게 해결하기 어려운 경우가 많아요. 또 한 곳에서 시작된 문제가 전 세계에 영향을 주기도 한답니다.

지구촌 갈등을 해결하려면 많은 노력이 필요해요. 각국의 대표들이 만나 여러 차례 회의를 하거나 국제연합과 같은 국제기구의 도움을 받기도 하지요. 하지만 무엇보다 중요한 것은 각 나라가 서로의 입장과 문화 등을 깊이 이해하고 존중하려는 자세를 갖는 거예요.

### 어휘 풀이

* **지구촌 갈등** 세계의 여러 나라들이 서로 부딪히며 일어나는 다양한 문제.
* **수력발전** 물의 힘으로 발전기를 돌려서 전기를 만드는 것.
* **재해** 가뭄, 지진, 태풍 등으로 인한 갑작스러운 피해.
* **이해관계** 서로의 이익과 손해에 영향을 미치는 관계.

## 내용체크

**1. <보기>를 보고 빈칸에 알맞은 낱말을 채워 보세요.**

보기
수력발전    이해관계

- 두 집단 사이에 ◯◯◯◯◯(이)가 복잡하면 문제 해결이 어렵다.
- 높은 곳의 물이 낮은 곳으로 떨어질 때 생기는 에너지로 ◯◯◯◯◯(을)를 할 수 있다.

**2. 글의 내용과 일치하면 O, 다르면 X 하세요.**

- 강의 하류에 건설한 댐은 상류 지역에 영향을 줄 수 있다. ……………… (   )
- 중국은 얄룽창포강에 작은 크기의 댐을 건설하려고 한다. ……………… (   )

**3. 다음 중 지구촌 갈등에 대한 설명으로 옳은 것을 고르세요.** ……………… (   )

① 짧은 시간 내에 해결되는 경우가 많다.
② 전 세계에 영향을 줄 수도 있다.
③ 지구촌 갈등의 종류는 많지 않다.
④ 갈등을 겪는 해당 국가들만의 문제이다.

**4. 본문과 정치톡톡을 읽고, 다양한 지구촌 갈등 중 하나를 골라 그 문제를 해결하기 위한 방법에는 무엇이 있을지 고민해서 적어 보세요.**

**지구촌 갈등 :**

**해결 방법 :**

 ## 여러 가지 지구촌 갈등

오늘은 여러 가지 지구촌 갈등에 대해 조사해 오기로 했지요? 조사 내용을 발표하면서 함께 이야기 나눠 봐요.

선생님, 저는 전쟁과 난민 문제에 대해서 알아보았어요. 정치적, 경제적 원인 등 다양한 이유로 전쟁이 일어나는데 그 결과 많은 사람들이 고향을 잃고 난민이 된다고 해요. 러시아와 우크라이나 전쟁, 그리고 수단 내전 등이 진행 중이래요.

갑자기 난민이 된 사람들이 너무 불쌍해요. 저는 요즘 뉴스에 자주 나오는 관세 분쟁에 대해 찾아봤어요. 무역할 때 발생하는 세금 때문에 다투는 나라가 많더라고요.

다들 조사를 열심히 해 왔군요. 지구촌 갈등의 원인과 종류는 정말 다양해요. 영토나 자원을 더 차지하기 위해 다투기도 하고, 종교적 차이로 인해 갈등이 생기도 하지요. 독재 정치에 대한 반발로 한 나라 내에서 전쟁이 일어나기도 하고요.

그 밖에도 기후 위기로 인해 부족해진 식량이나 물이 원인이 되어 싸움이 일어나기도 한다고 들었어요. 다툴 일이 너무 많은 것 같아요.

이렇게 갈등이 많다니 안타까워요. 조금 더 평화로운 지구촌이 되면 좋겠어요.

# 여성은 정치에 참여할 수 없었다고요?

1913년 6월 4일, 영국의 경마 대회 도중 한 여성이 국왕 조지 5세의 말 앞에 뛰어들었어요. 말과 충돌한 여성은 크게 다쳤고 4일 뒤 세상을 떠났습니다.

이 여성의 이름은 에밀리 데이비슨이에요. 에밀리 데이비슨은 국왕의 경주마 앞에 뛰어들면서 "여성에게도 **참정권**을!"이라고 크게 외쳤어요. 이는 여성 참정권에 대한 관심을 끌기 위해서였죠. 참정권은 정치에 참여할 수 있는 권리인데, 당시에는 여성들에게 참정권이 없었어요.

에밀리의 행동은 매우 위험했지만, 많은 사람들의 공감을 얻었어요. 에밀리는 9번이나 체포되고, 7번의 **단식투쟁**을 했을 정도로 여성

#참정권 #여성에게도 참정권을 #에밀리 데이비슨

의 참정권을 위해 열심히 노력했지요.

에밀리 데이비슨 사건 이후 1918년, 30세 이상 영국 여성이 참정권을 갖게 됐고 1928년에는 남성과 같은 21세에 모든 여성이 투표할 수 있는 권리를 얻게 되었어요. 이후 **서구**의 많은 나라에서도 여성의 참정권을 인정받기 시작했지요.

우리나라는 1948년 대한민국 정부가 **수립**되면서 모든 국민에게 똑같이 참정권을 줬어요. 오늘날 우리는 성별과 상관없이 투표할 수 있지만, 이 권리를 얻기까지 많은 사람들의 노력이 있었다는 걸 기억해야 해요.

### 어휘 풀이

- **참정권** 선거에서 투표할 수 있는 권리를 포함한 국민이 정치에 참여할 수 있는 권리.
- **단식투쟁** 먹지 않고 버티면서 하는 시위 활동.
- **서구** 서양을 이루는 유럽과 북아메리카를 통틀어 이르는 말.
- **수립** 국가나 정부, 제도, 계획 등을 세움.

### 내용체크

**1. <보기>를 보고 빈칸에 알맞은 낱말을 채워 보세요.**

보기
단식투쟁   서구   수립

- 참정권은 [          ] 국가들에서 발전해 전 세계로 퍼져 갔다.
- 국회에서 어린이 관련 법안 계획이 [          ]되고 있다.
- 노동자들은 임금 인상을 요구하며 [          ](을)를 벌였다.

**2. 글의 내용과 일치하면 O, 다르면 X 하세요.**

- 에밀리 데이비슨은 마차 경주 대회에 참가했다. ……………………… (     )
- 에밀리의 행동은 매우 안전했다. ……………………………………… (     )

**3. 다음 중 본문과 일치하지 않는 내용을 고르세요. …………………… (     )**

① 예전에는 여성의 참정권이 없었다.
② 에밀리는 여성의 참정권을 위해 위험한 행동을 했다.
③ 우리나라는 여성의 참정권이 1928년부터 보장되었다.
④ 이제 우리나라는 성별에 상관없이 모두가 투표할 수 있다.

**4. 정치에 참여할 권리는 왜 중요할까요? 여러분의 생각을 써 보세요.**

........................................................................................................

........................................................................................................

## 정치 톡톡 — 여성 정치인

 선생님, 우리나라 최초의 여성 정치인은 어떤 분인지 궁금해요.

 우리나라 최초의 여성 정치인은 임영신 씨예요. 1948년, 최초로 여성 장관을 지냈어요. 이 외에도 여성 정치인들이 많이 있지요. 예를 들어 박근혜 전 대통령은 우리나라 최초의 여성 대통령이었어요. 탄핵되어 임기를 다하지 못했지만요. 또 한명숙 씨는 최초의 여성 국무총리였어요.

 와, 그렇군요. 그런데 아직도 남자 정치인이 더 많은 것 같아요.

 맞아요. 오랜 시간 동안 정치는 남성의 영역이라고 여겨져 왔기 때문이에요. 하지만 점점 더 많은 여성들이 정치에 참여하고 있어요. 국회에서는 여성 의원의 비율을 늘리기 위해 노력하고 있기도 해요.

 오, 그러고 보니 지금 우리 학교 전교 어린이 회장도 여학생이에요!

 작년에도 우리 학교 전교 어린이 회장은 여학생이었어요. 앞으로는 더 많은 여성 정치인들이 나올 수 있을 것 같아요.

 그래요. 여러분도 커서 정치인이 되고 싶다면 성별에 상관없이 도전해 보세요!

# 사라지는 도시? 저출생의 함정

　최근 5년 동안 전국의 137개 학교가 문을 닫았어요. 이 중 초등학교가 101곳으로, **저출생**으로 인한 학생 수 감소 속도가 빨라지고 있어요. 교육부에 따르면 2025년에 신입생이 없어 입학식이 열리지 않는 초등학교가 184곳에 이른다고 해요.

　저출생과 **고령화**에 따라 지방의 작은 도시는 사람이 살지 않아 사라질 수 있어요. 이런 현상을 <u>지방소멸</u>이라고 해요. 지방소멸을 해결하기 위해 나온 방법이 <u>메가시티</u>예요. 메가시티란 여러 개의 작은 도시를 하나로 묶어서 서울처럼 큰 도시로 만드는 것이에요.

　2024년 10월 대구와 경상북도는 서로 합치기로 **통합** 합의문 서명을 발표했어요. 이 외에도 경기 가평군, 파주시, 포천시, 연천군 등 경기북

#지방 소멸 #메가시티 #저출생 해결 방안은?

부 지역에서는 경기북부특별자치도 설치를 위해 노력하고 있어요.

사라지는 도시의 가장 큰 문제는 저출생이에요. 먼저 아이를 낳고 키우기 좋은 환경을 만들어야 해요. 또 양육비와 교육비를 지원해 부모들의 부담을 줄이고, 부모가 아이를 키울 수 있도록 충분한 육아 휴직과 휴식을 제공할 필요가 있어요.

저출생은 사회 전체가 함께 해결해야 할 문제예요. 정치인은 문제를 깊이 이해하고, 해결할 수 있는 정책을 마련해야 해요. 우리는 좋은 정책을 만들 수 있는 정치인을 뽑고, 저출생 문제를 해결하는 방법을 함께 고민하며 더 나은 미래를 만들어 가야 해요.

### 어휘 풀이

* **지방소멸** 작은 도시나 시골에서 사람이 점점 줄어들어 도시가 사라지는 것.
* **메가시티** 작은 도시들을 하나로 묶어 큰 도시처럼 만드는 것.
* **저출생** 태어나는 아이의 수가 적음.
* **고령화** 노인의 수가 점점 많아지는 현상.
* **통합** 여러 가지를 하나로 합침.

## 내용체크

**1. <보기>를 보고 빈칸에 알맞은 낱말을 채워 보세요.**

보기
저출생    고령화

- 아이 울음소리가 들리지 않을 정도로 (　　　) 문제가 심각해졌다.
- 수명이 늘어나지만 출산율이 줄어들면서 (　　　) 현상이 나타났다.

**2. 글의 내용과 일치하면 O, 다르면 X 하세요.**

- 최근 저출생으로 학생 수 감소 속도가 빨라지고 있다. ……………… (　　)
- 대구, 경북이 통합하기로 약속하는 내용을 발표하는 것은 메가시티가 되는 과정이다.
  ……………………………………………………………………………… (　　)

**3. 본문을 읽고 옳지 않은 것을 고르세요.** ……………………… (　　)

① 저출생과 고령화에 따라 지방의 작은 도시는 사람이 살지 않아 사라질 수 있다.
② 경기북부 지역에서는 경기북부특별자치도 설치를 위해 노력하고 있다.
③ 저출생 문제를 해결하기 위해 부모의 부담을 줄일 필요가 있다.
④ 저출생 문제는 사회 전체가 아닌, 개인의 문제다.

**4. 우리 마을에 인구가 줄어서 다른 마을과 합쳐질 위기라면 어떨까요? 우리 마을이 사라지는 것을 막기 위한 해결책을 고민해 보세요.**

해결책:

이유:

## 정치톡톡 + 노인 연령 기준 상향

요즘 우리나라에서 '노인 연령 기준'을 높이자는 이야기가 나오고 있어요. 여러분은 몇 세부터 노인이라고 생각하나요?

65세요! 지하철을 무료로 탈 수 있는 나이잖아요. 저희 할머니도 무료로 타고 계세요.

맞아요. 현재 우리나라에서는 65세 이상을 노인으로 보고 있어요. 그러나 정치권에서 70세부터 노인으로 보는 것이 어떨까 하는 논의가 있어요.

요즘 할머니, 할아버지를 보면 정말 건강하세요! 운동도 많이 하시고요. 70세가 넘으셔도 일하는 모습을 보고 놀랐어요.

맞아요. 예전보다 건강하고 오래 사시는 분들이 많아 65세를 노인으로 보기에는 이르다는 말이 있어요. 반대로 노인 복지 혜택을 받는 나이가 올라가면, 일부 어르신들은 지하철 무료 승차나 기초연금 같은 혜택이 늦어져 생계가 어려울 수 있어요.

저는 건강한 분들은 더 오래 일할 수 있고, 어려운 분들은 여전히 혜택을 받았으면 좋겠어요! 할머니, 할아버지께서 행복하게 지낼 수 있게요.

좋은 의견이에요. 정치인들이 이러한 문제들을 해결할 수 있도록 좋은 정책을 만들면 좋겠어요.

# 백화점은 돈을 벌고, 공공기관은 마음을 벌어요

 2025년, 백화점과 쇼핑몰은 쇼핑보다 **체험**이 대세예요. 단순한 쇼핑 공간을 넘어 다양한 체험과 즐길 거리를 제공하는 복합 공간으로 변하고 있거든요. 이처럼 예쁜 옷과 맛있는 음식, 다양한 전시와 공연 등 볼거리들이 가득해 사람들의 발길이 끊이지 않는 백화점과 쇼핑몰을 <u>공공기관</u>이라고 할 수 있을까요?

 공공기관은 국민이 편리하고 안전하게 생활할 수 있도록 국가나 지방자치단체가 **운영**하는 곳이에요. 세금으로 **유지**하고 대부분 무료로 이용할 수 있지요. 공공기관은 주로 버스 정류장이나 지하철역처럼 교통이 편리한 곳, 또는 동네 중심지에 자리 잡고 있어서 사람들이 쉽게 이용해요. 도서관에서는 책을 무료로 빌려볼 수 있고, 불이 났을

#공공기관 #공공기관이 아닌 곳은?

때는 소방관들이 출동해요. 보건소에서는 예방접종 주사를 맞을 수 있고, 공원에서는 누구나 자유롭게 놀 수 있지요.

앞서 말한 백화점, 쇼핑몰, 마트, 은행, 식당 같은 곳은 공공기관이 아니에요. 이런 곳들은 주로 돈을 벌기 위해 운영되거든요. 사람들이 많이 모이지만, 물건이나 서비스를 이용하려면 돈을 내야 하고, 회사의 **이윤**을 얻기 위해 운영돼요.

백화점과 쇼핑몰이 일상에 즐거움을 더해 주는 공간이라면, 공공기관은 국민의 안전과 편의를 위해 중요한 역할을 해요. 서로 다른 방식으로 사람들의 삶을 풍요롭게 만들어 줘요. 따라서 이용할 때는 깨끗하게 사용하고 다른 사람들을 배려하는 마음이 필요해요.

### 어휘 풀이

- **공공기관** 개인이 아닌 주민 전체의 이익과 생활의 편의를 위해 국가가 세우거나 관리하는 곳.
- **체험** 직접 겪음.
- **운영** 잘 준비하고 관리함.
- **유지** 변함없이 계속되게 함.
- **이윤** 물건을 팔고 나서 남은 돈.

## 내용체크

**1. <보기>를 보고 빈칸에 알맞은 낱말을 채워 보세요.**

> 보기
> 운영    유지    이윤

- 학교 알뜰시장에서 쿠키를 팔고 남은 (　　　)(이)가 별로 없다.
- 우리나라 달 탐사선인 '다누리'는 2027년 말까지 (　　　)한다.
- 나의 건강 (　　　) 비결은 꾸준한 운동이다.

**2. 본문을 읽고 난 학생들의 반응으로 적절하지 <u>않은</u> 것을 고르세요. ……… (　　)**

① 지예: 공공기관은 사람들에게 필요한 도움을 준다.
② 서아: 도서관에서는 사람들이 책을 무료로 빌릴 수 있다.
③ 수호: 백화점은 사람들이 낸 세금으로 운영된다.
④ 민석: 공공기관이 새로 생기면 주민들의 생활이 편리해진다.

**3. 다음 중 공공기관인 곳에는 O표를, 아닌 곳에는 X표를 하세요.**

| (1) | 주민센터 |  | 마트 |  | 경찰서 |  |
|---|---|---|---|---|---|---|
| (2) | 시장 |  | 아파트 |  | 시청, 도청 |  |

**4. 우리 동네에 있는 공공기관을 찾아보고, 그중에 하나를 골라 이름과 하는 일을 적어 보세요.**

이름:

하는 일:

214

1. 이윤, 운영, 유지 /2. ③ /3. (1) O, X, O (2) X, X, O

## 정치 톡톡 과거와 현재를 잇는 공공기관 이름

 선생님, 주말 동안 가족들과 청와대에 다녀왔어요. 우리나라 대통령들이 지냈던 곳이라는데, 엄청 신기했어요.

 유나가 역사적인 상소에 다녀왔군요. 혹시 청와대 안에 있는 '춘추관'도 들렀나요? 조선 시대 춘추관은 나라의 중요한 일들을 기록하는 곳이었어요. 최근에는 대통령이 기자들을 만나는 장소의 이름이었죠.

 혹시 역사적인 이름을 그대로 쓰고 있는 곳이 더 있나요?

 '성균관'과 '규장각'이 있어요. '성균관'은 조선 시대의 가장 좋은 학교였지요. 현재 서울 종로구에 있는 성균관대학교는 나라가 운영하지는 않지만, 옛 성균관의 역사를 이어받았어요.

 우리 동네에 있는 대학교인데, 그렇게 오래된 줄 몰랐어요. 규장각에 대해서도 궁금해요.

 왕의 도서관이었던 '규장각'은 서울대학교의 '규장각한국학연구원'이 되었어요. 옛 책들을 보관하고 연구하는 곳이에요.

 역사가 끊기지 않고 계속 흐르고 있다는 느낌이 들어요. 앞으로도 역사적인 이름을 가진 기관을 관심 있게 지켜봐야겠어요.

# 팬이에요! 연예인보다 인기 있는 정치인

정치인을 주인공으로 한 영화나 **다큐멘터리**가 잇따라 개봉 소식을 알려 눈길을 끌고 있어요. 2025년 3월에는 이준석 국회의원에 대한 영화 〈준스톤 이어원〉이 개봉했어요. 그리고 2024년 1월 개봉한 〈길 위에 김대중〉의 후속작 〈대통령 김대중〉은 2025년 개봉을 목표로 준비 중이라고 해요.

정치인 다큐멘터리 영화는 과거에도 꾸준히 인기를 끌었어요. 노무현 전 대통령을 다룬 〈노무현입니다〉, 이승만 전 대통령을 다룬 〈건국전쟁〉은 많은 사람들이 관람했지요.

이런 현상을 <u>팬덤정치</u>라고 불러요. 팬덤정치란 연예인 팬클럽처럼 특정 정치인을 열렬히 지지하고 응원하는 현상을 나타내는 **신조어**에

#팬덤정치 #정치인 영화 #정치인 팬클럽

요. 팬덤정치는 정치에 관심이 없던 사람들도 좋아하는 정치인을 통해 정치에 관심을 갖게 되면서 선거 때 투표율도 높아질 수 있어요. 또한 정치인들도 팬들과 소통하면서 시민들의 목소리를 더 잘 들을 수 있게 돼요.

하지만 팬들이 자신이 좋아하는 정치인만 **맹목적**으로 따르면, 정치인의 잘못된 점을 제대로 보지 못할 수 있어요. 그리고 내가 좋아하는 정치인이 아닌 다른 정치인을 좋아하는 사람들과 갈등을 일으킬 수도 있죠.

정치인을 좋아하는 것은 좋지만, 그 사람의 정책과 능력을 **객관적**으로 평가하는 것이 중요해요. 정치인의 말과 행동을 잘 살펴보고, 정말 우리나라를 위해 일할 수 있는 사람인지 판단하는 것이 필요해요.

### 어휘 풀이

- **팬덤정치** 특정 유명인을 열렬히 좋아하는 사람들을 일컫는 팬덤(Fandom)과 정치가 합쳐진 말로 특정 정치인을 열성적으로 좋아하는 현상.
- **다큐멘터리** 실제 사실이나 현상을 기록한 영화나 방송.
- **신조어** 새로 생겨난 말.
- **맹목적** 생각 없이 무작정 따르는 것.
- **객관적** 제3자의 입장에서 사물을 보거나 생각하는 것.

## 내용체크

**1. <보기>를 보고 빈칸에 알맞은 낱말을 채워 보세요.**

<보기>
신조어    맹목적    객관적

- 다른 사람의 말을 ⬜ (으)로 따르는 것은 위험하다.
- 젊은 세대 사이에서 새로운 ⬜ (이)가 빠르게 퍼지고 있다.
- 뉴스를 볼 때는 ⬜ 인 시각을 유지하는 게 중요하다.

**2. 다음 중 본문의 주제로 알맞은 것을 고르세요. ( )**

① 정치인 영화는 인기가 많다.
② 팬덤정치는 투표율에 영향을 미치지 않는다.
③ 정치인들은 팬들만 잘 챙기고 소통하면 된다.
④ 팬덤정치도 좋지만 정치인의 정책이나 능력을 객관적으로 평가하는 것이 더 중요하다.

**3. 다음 중 본문과 일치하지 않는 내용을 고르세요. ( )**

① 정치인을 주인공으로 한 영화나 다큐멘터리가 많다.
② 좋아하는 정치인이 서로 달라도 갈등이 일어나지 않는다.
③ 정치인을 맹목적으로 지지하면 정치인의 잘못을 못 볼 수도 있다.
④ 팬덤정치의 장점은 정치에 관심 없던 사람들도 관심 갖게 할 수 있다는 점이다.

**4. 여러분이 좋아하는 정치인이 있다면, 적어 보고 그 이유를 설명해 보세요.**

_____

_____

 ## 정치 무관심

정치인을 지나치게 믿고 따르는 것도 문제가 되지만 정치에 아예 무관심한 것도 문제가 될 수 있어요. 정치는 우리 생활과 아주 가깝게 연관되어 있어서 관심을 가져야 해요.

정치가 우리 생활과 어떤 점이 관련이 있나요?

예를 들어 '어린이 식생활안전관리 특별법'이 만들어지면서 학교 주변 200미터 안에서는 고열량·저영양 식품을 판매할 수 없게 되었어요. 그래서 학교 주변의 간식들이 건강해졌답니다.

그럼 정치에 관심이 없으면 어떤 문제가 생길 수 있나요?

자신의 권리를 제대로 누리지 못할 수 있어요. 정치인들이 우리의 권리를 침해하는 법을 만들 수도 있기 때문이죠. 여러분의 의견을 정책에 반영하기 어려울 수도 있고요.

정치에 관심을 가지기 위해 어떤 것부터 하면 좋을까요?

학교에서 투표할 때 후보자의 공약을 꼼꼼히 따져서 투표해 보세요. 뉴스와 신문을 보는 것도 좋고 부모님과 정치에 대해 대화하는 것도 좋아요.

# 정치를 병들게 하는 가짜 뉴스

국회의원 총선거를 앞두고 **가짜 뉴스**가 기승을 부리고 있어요. 특히 SNS를 중심으로 특정 정치인의 얼굴을 이용해 가짜 연설 영상이 퍼지기도 했어요. 가짜 뉴스란 의도적으로 만들어 낸 거짓 정보를 말해요. 특히 선거철에는 상대 후보를 나쁘게 이야기하거나 자신에게 유리한 내용의 가짜 뉴스가 많이 퍼지는데 이를 **흑색선전**이라고도 해요.

최근 유네스코 발표에 따르면 전 세계 시민의 약 85퍼센트는 가짜 뉴스가 정치에 영향을 미칠 것이라고 걱정하고 있어요. 실제로 소셜 미디어를 통해 퍼지는 가짜 뉴스는 **유권자**들의 판단을 흐리게 만들 수 있어요.

가짜 뉴스가 위험한 이유는 우리 사회의 신뢰를 무너뜨리기 때문이

#가짜 뉴스 #거짓말 #흑색선전

에요. 어떤 정보가 진실인지 거짓인지 구분하기 어려워지면, 결국 모든 정보를 의심하게 되죠. 이는 건강한 민주주의를 해치는 결과로 이어져요.

전문가들은 가짜 뉴스 확산의 원인으로 정치적 **양극화**를 지목해요. 자신이 지지하는 정당이나 정치인에 대한 가짜 뉴스는 쉽게 믿고, 반대편에 대한 가짜 뉴스는 더 많이 퍼뜨리는 경향이 있다는 거예요.

가짜 뉴스 문제를 해결하기 위해서는 정부와 소셜미디어 기업의 노력도 필요하지만, 무엇보다 우리가 정보를 비판적으로 바라보는 자세가 중요해요. **출처**가 불분명한 정보는 서로 나누지 않고, 여러 매체의 소식을 비교해 보는 습관을 들이는 것이 좋습니다.

### 어휘 풀이

- ***가짜 뉴스** 거짓 정보를 진실인 것처럼 꾸며 퍼뜨리는 뉴스.
- ***흑색선전** 사실이 아닌 이야기를 만들어서 상대에게 피해를 입히고 혼란과 무질서를 부르는 정치적 방법.
- ***유권자** 선거에서 투표할 수 있는 사람.
- ***양극화** 사회 구성원들의 의견이나 입장이 양쪽 극단으로 나뉘는 현상.
- ***출처** 말이 생기게 된 근거나 이유.

## 내용체크

**1. <보기>를 보고 빈칸에 알맞은 낱말을 채워 보세요.**

보기
유권자    양극화    출처

- 뉴스를 접할 때 (            )(이)가 불분명한 정보는 주의해야 한다.
- 이번 선거에서는 청년층 (            )의 참여가 높게 나타났다.
- 정치가 너무 (            )되어서 사람들의 갈등이 점점 심해진다.

**2. 글의 내용과 일치하면 O, 다르면 X 하세요.**

- 가짜 뉴스는 사실이 아닌 내용을 사실처럼 꾸며서 퍼뜨리는 것이다. ………( )
- 유권자들은 가짜 뉴스를 통해 더욱 선거에 잘 참여할 수 있다. …………( )

**3. 다음 중 본문과 일치하지 않는 내용을 고르세요.** ……………………( )

① 선거철에는 가짜 뉴스가 별로 퍼지지 않는다.
② 가짜 뉴스는 우리 사회의 신뢰를 무너뜨릴 수 있다.
③ 가짜 뉴스를 막기 위해 출처가 불분명한 정보는 공유하지 않는다.
④ 가짜 뉴스가 거짓인지 진실인지를 판단하기 위해 여러 신문사의 뉴스를 검색해 비교해 본다.

**4. 만약 나에 대한 가짜 뉴스가 퍼지고 있다면 어떨까요? 대처 방법을 적어 보세요.**

 ## 사이버 윤리

 인터넷에서 지켜야 할 예절을 사이버 윤리라고 해요. 사이버 윤리에는 어떤 것들이 있을까요?

 거짓말을 하면 안 돼요.

 맞아요. 거짓이나 확실하지 않은 정보는 퍼뜨리지 않아야겠지요.

 인터넷에 보면 정치인을 욕하는 댓글이 자주 보이던데 이런 것들도 하면 안 될 것 같아요.

 그렇지요. 근거를 가지고 정치인의 말이나 행동에 대해 비판하는 것이 아니라 무작정 비난하거나 욕하는 것은 옳지 않아요.

 앞으로 인터넷에서 정치 이야기를 할 때는 사이버 윤리를 잘 지켜야겠어요.

 정치 이야기뿐 아니라 다른 이야기를 할 때도 마찬가지예요. 인터넷에서는 서로 얼굴이 보이지 않기 때문에 자칫 함부로 이야기할 수 있어요. 상대방을 서로 존중하면서 의견을 나누는 것이 건강한 민주주의의 기본이에요.

 현실에서와 마찬가지로 인터넷에서도 규칙을 잘 지켜야겠네요.

## 친절한 정치 신문

**1판 1쇄 인쇄** 2025년 5월 12일
**1판 1쇄 발행** 2025년 5월 30일

**글** 서울미래교육연구회
**그림** 희소
**발행인** 손기주

**편집팀장** 권유선
**교정** 김인혜
**디자인** 정진    **세무** 세무법인 세강

**펴낸곳** 썬더버드
**등록** 2014년 9월 26일 제 2014-000010호
**주소** 경기도 의왕시 정우길47. 2층
**전화** 02 6368 2807    **팩스** 02 6442 2807

이 책은 저작권법에 따라 보호를 받는 저작물이므로 무단 전재와 복제를 금지하며,
이 책의 내용 전부 또는 일부를 이용하려면 반드시 저작권자와 썬더키즈의 서면 동의를 받아야 합니다.

ISBN 979-11-93947-35-7 73300

값은 뒤표지에 있습니다. 잘못된 책은 구입하신 곳에서 바꾸어 드립니다.
썬더키즈는 썬더버드의 아동서 출판브랜드입니다.

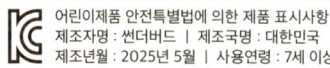